Retour Aux Sources En Lémurie

De Charmian Redwood

Traduit par Sonia Bigué

Pour obtenir une autorisation, une sérialisation, une condensation, les adaptations ou pour notre catalogue d'autres publications, écrivez à Ozark Mountain Publishing, Inc., P.O. Box 754, Huntsville, AR 72740, ATTN: Permissions Department.

Library of Congress Cataloging-in-Publication Data Redwood, Charmian, 1951-
Coming Home to Lemuria, by Charmian Redwood
     Le récit d'un vécu à travers l'utilisation de l'hypnose et la régression dans des vies antérieures en Lémurie. Les vies que nous avons oubliées en tant que Lémuriens. Nous cocréions par des manifestations instantanées avec nos esprits. Nous sommes de retour maintenant pour répandre ces énergies afin d'aider notre Mère Terre.
1. Lémurie 2. Hypnose 3. Régression dans des vies antérieures 4. Métaphysique
5. Cocréation
I.Redwood, Charmian, 1951- II.Lémurie III.Metaphysiques IV.Hypnose V.Titre
Library of Congress Catalog Card Number: 2022945192
ISBN : 9781956945317

Couverture et mise en page : www.noir33.com
Ensemble du livre : Times New Roman
Design du livre : Tab Pillar
Traduction : Sonia Bigué

Publié par:

OZARK
MOUNTAIN
PUBLISHING

PO Box 754
Huntsville, AR 72740
WWW.OZARKMT.COM

REMERCIEMENTS

Pour leur amour sans faille et pour avoir continuellement soutenu mes étranges façons de faire, je remercie mes enfants Jenny et Tim dont la naissance initia mon retour aux sources.

Un grand merci à George pour sa générosité et son soutien pendant la compilation de cet ouvrage.

Je dois aussi remercier ceux qui m'ont généreusement permis de les conduire en hypnose pour faire resurgir les informations contenues ici : George Morgan, Aaman Degarth, Elizabeth Keller, Reagan Breen, Kaye Russell, Bahli Mans Morris, Elisha et Jane Stevenson.

suis aussi très reconnaissante à Heather Golding pour la splendide illustration de la couverture. La figure au centre représente le cœur et la créativité de la Lémurie tandis que les glyphes qui l'entourent sont des codes de création de la Source. www.huulanaya.com

Chère Mère Maui, je te remercie de m'avoir rappelée à la maison!

Table des matières

PRÉFACE

Retour Aux Sources

Nous sommes en mars 2006, et je vole pour la première fois vers Hawaï - un endroit dont je rêvais et qu'il me tardait de visiter depuis vingt ans. À mi-chemin au-dessus du Pacifique, je fondis en larmes parce que je compris que je rentrais à la maison. Je ne savais pas dans quel but je rentrais ; je savais juste que pour la première fois de ma vie, je serais « chez moi ».

En descendant de l'avion sur cette terre sacrée, je fus enveloppée par l'énergie douce et nourrissante des îles hawaïennes et je sus que ce lieu était un endroit sûr pour être « moi » - un endroit où je pourrais m'autoriser à montrer « Qui Je Suis ». Une partie de moi avait toujours souhaité rester cachée parce qu'elle ne se sentait pas en sécurité.

Au deuxième jour de mon voyage, je me baignai à Honaunau et je rencontrai ma famille de dauphins pour la première fois. Non seulement j'étais à la maison, mais en plus ma famille m'attendait.

Ils me dirent, « Tu dois déménager ici. »

Je répondis, « Très bien, mais je vais avoir besoin d'un miracle. »

J'avais très peu d'argent, pas de maison à vendre et pas d'économies.

Le soir même, je participai à un cercle de tambours chamaniques durant lequel les dauphins m'emmenèrent sur Sirius pour me montrer d'où nous venions. (Ce voyage est maintenant sur un CD de méditation sur mon site Web.) Je mentionnai au groupe que les dauphins me disaient de venir vivre ici, puis un ange vêtu d'habits m'offrit le gardiennage de sa maison pendant six mois.

C'est ainsi que débuta mon Retour à la Maison.

Je retournai à Santa Fe, je vendis tout et déménageai à Hawaï le 6/6/06.

Une fois installée dans ma nouvelle vie hawaïenne, je commençai à travailler en hypnothérapie, une approche que j'ai nommée « Hypnothérapie pour l'Âme », car elle consistait à connecter les clients avec leur moi divin et leur lignée spirituelle. Dans tous les voyages des clients, des souvenirs de la Lémurie affluaient.

Alors que leurs histoires commençaient à se déployer, il apparaissait très clairement qu'il s'agissait de Lémuriens de retour ici, dans ce monde. Il était temps pour eux de se Rappeler Qui Ils Étaient/Sont. Ce sont leurs histoires que je vous invite à écouter. Asseyez-vous et profitez-en. Qui sait ? Ce sont peut-être aussi vos histoires. Tout d'abord, je commencerai par un bref aperçu des découvertes, des souvenirs et des mémoires de Lémurie de ces personnes.

Un Bref Aperçu De L'ancienne Lémurie

En tant qu'anciens Lémuriens, nous sommes venus sur Terre en provenance de divers systèmes stellaires pour apporter la Pure Lumière de l'Amour. Nous avons choisi de venir sur une planète majoritairement couverte d'eau parce que nos corps étaient plus subtils que physiques et qu'il nous était plus aisé d'entrer dans un environnement aquatique que d'être sur la terre ferme. Ainsi, nous débutâmes notre aventure sur Terre dans les magnifiques océans de la Terre Mère où nos corps subtils pouvaient plus facilement demeurer connectés à la Source. Nous vivions dans la Plénitude et l'Amour, toujours connectés à la Lumière Or de la Source.

Avec nos corps subtils, nous nous propulsions en nous concentrant avec intention. Nous ne marchions pas d'un pas lourd ; nous nous connections à la surface comme si nous flottions d'une manière douce et légère. À l'heure actuelle, lorsque nous foulons la Terre, nous marchons d'un pas lourd et nous nous connectons à chaque pas. À cette époque, c'était plutôt comme si nous glissions sur le sol dans un mouvement fluide continu, comme si nous nous fondions avec la surface.

L'ensemble de la civilisation lémurienne évolua à partir d'un petit groupe d'Êtres utilisant leur esprit pour créer tout ce dont ils avaient besoin dans un flux constant de formes, qui passaient continuellement d'une forme à une autre. Les formes naquirent de la poussière de la Terre et de la lumière des étoiles de l'univers. Elles se manifestèrent à partir du néant dans un processus en perpétuelle évolution pour apparaître dans cet espace et ce temps particuliers - un moment temporel, un moment dans le temps.

Voici ce que nous étions en tant que Lémuriens - l'Amour, la Beauté et la Grâce. Nous nous tenions dans l'essence de notre Être et de l'Amour, en marchant et œuvrant ensemble. La Lumière était en tout ce que nous accomplissions. C'était aussi naturel pour nous que de respirer. Nous respirions l'Amour. Nous le respirions ensemble. Nous entrions dans nos cercles et insufflions l'Amour et la Lumière dans la forme. Nous créions la Beauté avec chacun de nos souffles. Nous étions tous connectés à la Source par un fil d'or et vivions en paix et en harmonie avec tous les êtres et tous les règnes, en communication télépathique constante avec toutes les formes de vie.

En Lémurie, avant la Chute, tout ce que nous faisions était pour le bien de l'ensemble. (La Chute fut un choix fait par nos âmes pour nous déconnecter de la Source et vivre par nous-mêmes dans la densité. Ce fut une descente dans une expérience de l'ego afin que nos âmes puissent évoluer en surmontant des défis. Cela impliquait de vivre dans des corps denses - une expérience totalement nouvelle pour nous. Ce fut un processus graduel lors duquel nos corps devinrent de plus en plus denses, et nous oubliâmes qui nous étions. Le chapitre 17 raconte cette histoire.) Avant que ceci ne se produise, nous nous soucions et incluions tout le monde sans distinction. Notre unique désir était de servir et d'aider les autres à accomplir leur mission et leurs désirs. Des pensées telles que la compétition, le manque ou la rareté n'existaient pas. Nous créions tout ce dont nous avions besoin et il y en avait toujours assez pour chacun d'entre nous.

En Lémurie, nous utilisions des cristaux-sources pour co-créer notre monde. Avec un petit cristal, nous pouvions accéder à un portail où les dimensions se fondaient et où les lois physiques étaient courbées et modifiées. Nous pouvions faire pousser des cristaux de toutes tailles. Nous faisions même pousser des merkabas, véhicules de lumière divine utilisés par les maîtres ascensionnés pour se connecter et atteindre ceux qui sont en harmonie avec les royaumes supérieurs. « Mer » signifie Lumière ; « Ka » signifie Esprit ; « Ba » signifie Corps. Mer-Ka-Ba signifie l'esprit/corps entouré de champs de lumière contre-rotatifs (des roues dans des roues), des spirales d'énergie comme dans l'ADN, qui transportent l'esprit/corps d'une dimension à une autre. Le pouvoir qui s'y trouve est infini et contient toute la conscience de l'univers.

L'énergie-source provenant des cristaux générait la puissance permettant de manifester des éléments sur le plan matériel, mais cela ne fonctionnait pas comme ce que nous avons au XXIe siècle. C'était totalement silencieux et néanmoins très puissant. Nous utilisions les cristaux pour amplifier notre propre esprit, notre intention et ce que nous voulions créer - n'importe quoi, même un bâtiment ou une ville. Ces cristaux étaient en mesure de rassembler des énergies très dispersées en une unité, un rayon ou un faisceau cohésif. Il y avait des cristaux générateurs géants aussi grands qu'un bâtiment. Certains étaient de formes géométriques tandis que d'autres étaient des dômes qui couvraient des bâtiments.

On rappelait constamment à chacun à quel point il était aimé. Toute la société était basée sur les principes de l'Amour. Les gens s'attachaient à tout faire pour le Plus Grand Bien de Tous. Leur but individuel et le but collectif était l'Amour.

En Lémurie, chaque personne avait un travail et un objectif. La société était assez semblable à celle présente sur Terre aujourd'hui avec des domaines d'activité spécialisés, mais chacun travaillait pour le bien de l'ensemble. Il y avait un réseau d'entente - presque comme un réseau technologique – situé sous les villes, comme un maillage invisible de lignes de lumière reliant chaque lieu à l'ensemble. Il était utilisé comme moyen de communication entre les différents lieux, un peu comme nous utilisons les téléphones/téléphones portables/iphones ; cependant, ce qui traversait les lignes était l'Amour. Tous communiquaient par télépathie avec n'importe qui d'autre et échangeaient sur leur mission ou centre d'intérêt en utilisant le réseau de lignes de Lumière, semblables à des lasers qui parcouraient toute la ville. Les lignes servaient à communiquer la Vérité, la Lumière, l'Amour et à échanger sur la façon dont tous pouvaient se soutenir et s'entraider dans leurs tâches. Il s'agissait véritablement du sentiment d'être une famille, une communauté et un Amour.

Résurgence Des Mémoires Lémuriennes

La vie en Lémurie était une union entre Dieu et l'homme, la conscience physique du corps, du soi et la Félicité/Unité de l'Être sans séparation entre la conscience de Dieu et le soi. Ce n'est pas le cas actuellement sur Terre. Nous avons dorénavant besoin d'un nouveau langage pour évoquer ce lieu d'altruisme et nous ne pouvons en parler que de manière imprécise à ce jour. Il ne ressemble en rien à ce que les gens peuvent imaginer aujourd'hui.

Les souvenirs de Lémurie ressurgissent maintenant car, en tant que société, nous nous sommes tant éloignés de ce qui compte vraiment. Nous devons nous rappeler notre Unité - tout est connecté et chacun a un rôle particulier à jouer et un don unique à partager. Nous pouvons tous travailler en harmonie les uns avec les autres, en améliorant l'ensemble. Lorsque nous pouvons créer l'Amour, nous pouvons vivre l'Amour, la paix et l'unité. Nous pouvons être des créateurs en utilisant la création consciente avec des énergies masculines/féminines afin de revenir à l'Unité, de nous recentrer sur l'Amour, en offrant nos talents et en vivant les objectifs de notre âme. Il s'agit de nous entraider et de prendre soin les uns des autres de manière désintéressée pour le bien de l'ensemble. Il ne s'agit que de connexion – de nous souvenir de qui nous sommes - Amour!

Certaines des personnes ayant raconté leurs souvenirs de Lémurie ont mentionné qu'en regardant leur vie actuelle, elles s'aperçoivent qu'elles ont toujours vécu comme des Lémuriens. Enfants, elles regardaient les informations parlant de guerres ou de gens se détruisant les uns les autres et elles se demandaient où elles étaient venues vivre et qui étaient ces gens qui se faisaient du mal. Certaines avaient toujours été capables de voir ce dont les autres avaient besoin et le leur donnaient si elles le pouvaient ou les aidaient à atteindre leur but, simplement parce que c'était leur besoin. Certaines de ces personnes ont toujours voulu rassembler les gens en communauté pour partager des projets, ainsi que la joie et l'Amour. Elles traitaient tous les enfants comme s'ils étaient les leurs, tous les aînés comme leurs parents et tous les autres comme leur frère ou leur sœur, en particulier les animaux, les plantes et les oiseaux - Une Grande Famille, Un Grand Amour, un Cercle d'Amour, toujours aimant et soutenant les uns pour les autres. Leurs amis agissent de même. Les gens leur disent qu'elles devraient prendre soin d'elles au lieu de prendre soin des autres, mais en prenant soin des autres, ne prennent-elles pas soin d'elles-mêmes puisque nous ne sommes qu'un ?

CHAPITRE 1
LA CONSCIENCE LÉMURIENNE

Une Perception Circulaire/Sphérique De L'unité

La vie en Lémurie était une union entre Dieu et l'homme, la conscience physique du corps, du soi et la Félicité/Unité de l'Être sans séparation entre la conscience de Dieu et le soi. Pour évoquer ce lieu d'altruisme, nous aurions aujourd'hui besoin d'un nouveau langage car nous ne pouvons en parler que par bribes à ce jour. Il ne ressemble en rien à ce que les gens peuvent imaginer aujourd'hui.

Tout ce que nous faisions en Lémurie était circulaire. Nos corps de lumière subtils étaient des globes de lumière, et nous travaillions en cercles à l'intérieur de cercles. Nous pouvions étendre nos énergies afin d'être toujours connectés aux autres membres de notre cercle. Nous étions de très grands êtres, nous pouvions par conséquent être physiquement très éloignés mais sentir que nous étions proches les uns des autres. Nous fusionnions les uns avec les autres par nos corps subtils. Chaque cercle émergeait de notre essence et se connectait aux autres membres de notre groupe. De plus, tout autour de nous vibrait avec couleur et son. Nous maintenions la conscience que: Je suis un avec toute chose; je sais tout et je peux tout manifester.

L'oeil Universel Uni Au Chakra Du Cœur

Dans nos groupes, nous nous connections au moyen de notre troisième oeil et apportions l'énergie dans nos cœurs. Nous avions un dicton: « Je vois l'Œil et l'Œil me voit. » L'Œil alimentait notre conscience avec l'immense savoir que nous pouvions tout faire et que nous étions toute chose. Rien n'était jamais mis en doute ou remis en question; tout était un "oui".

C'était le but de l'Œil - se connecter à l'Unité et mettre en lumière notre objectif commun. Nous travaillions dans nos cercles du fait de l'Œil et, en même temps l'Œil était là parce que nous l'ancrions - chacun de nous individuellement et nous tous ensemble. Nous étions consciemment Unis avec l'œil et pouvions partager nos capacités à n'importe quelle partie de nos corps. En étendant nos bras, nous nous sentions connectés à tout le cercle. En ramenant nos bras, nous pouvions alors utiliser nos yeux pour voir où étaient les autres. Nous nous connections à l'Œil Universel par notre troisième œil, notre œil supérieur, et au centre du cercle se trouvait un œil de connexion. Nous nous reliions les uns aux autres et utilisions cette connexion pour manifester tout ce que nous souhaitions créer.

Nous nous connections dans notre cœur avec une intention que nous partagions avec l'œil collectif. De cette façon, nous la partagions les uns avec les autres. Elle se propageait et s'établissait très rapidement, nous savions ainsi que tout le monde avait la même intention. Nous voyions l'intention avec le troisième œil, la mettions dans nos cœurs, d'où nous la propagions à travers nos bras, en nous connectant les uns aux autres. Nous utilisions le son pour soutenir le processus de manifestation de l'intention. Nous condensions notre respiration, expirant des sons par la bouche, tout en nous harmonisant sur la couleur appropriée à que nous manifestions.

Nous visualisions ce que nous voulions créer, puis nous expirions dans cette image. Nous maintenions l'image au centre du cercle, au niveau du troisième œil. Plus nous expirions de sons de notre gorge, plus l'image gagnait en densité, en forme et en aspect tangibles. Nous utilisions des lignes d'énergie pour former des modèles, qui créaient la structure ou la matrice de base autour de laquelle nous tissions la forme et l'aspect.

Intention Focalisée

Nous n'avions jamais à réfléchir à "comment" faire quoi que ce soit. Nous le faisions juste à partir de nos cœurs, en nous concentrant avec intention et joie - tant de joie et de bonheur. Nous bougions et vibrions en permanence. Aux premiers temps de la Lémurie, nous étions des particules de lumière et d'énergie constamment en mouvement et échangeant des informations les unes avec les autres. Nous gardions notre intention focalisée sur la vision. Lorsque nous soutenions la vision, il était réconfortant de savoir que nous ne la soutenions pas juste par nous-mêmes. Il y avait toujours un cercle d'autres êtres de Lumière.

D'autres êtres, qui savaient comment ancrer l'énergie en se focalisant sur l'intention, soutenaient le processus. Nous nous tenions dans notre cercle avec les autres et nous maintenions l'image de ce que nous voulions créer au centre du cercle. Lorsque c'était simple et ancré, nous savions que l'intention était juste parce qu'un objectif juste était soutenu par chaque partie de nous-mêmes. L'ego, ainsi nommé aujourd'hui sur Terre, la personnalité ou tous les différents fragments qui portent des noms œuvraient ensemble en alignement avec le Tout. Aucun d'entre eux n'était laissé de côté ou renié, puisque chaque aspect de notre Être contribuait avec sa couleur ou sa fréquence propre à soutenir l'intention focalisée. Avant de vouloir créer quoi que ce soit, il était très important de recréer un sentiment d'Unité.

Chacun en Lémurie jouissait d'une confiance absolue et nous pouvions travailler ensemble sans le moindre heurt. Même si nous étions dans des corps séparés, nous étions en connexion totale avec l'Esprit et Dieu, et tout ce qui nous entourait. Nous étions tous complètement connectés, pleinement conscients que Dieu ou le Divin était en chaque être. Nous rayonnions cette conscience. C'était comme une géode de petits cristaux - chacun étant un cristal à part et pourtant faisant partie du tout. C'était si paisible, bien qu'étant un tourbillon dynamique d'énergie et de créativité. Il y avait tellement de Lumière.

Du Chakra Couronne au Chakra Sacré

À un moment, nous sûmes qu'il était temps de faire passer les énergies et les fréquences à travers le chakra couronne, le troisième œil et le cœur. Par conséquent, nous nous rassemblâmes dans nos cercles de création et nous unîmes l'énergie de nos chakras couronnes avec le flux continu de la vie, préoccupation essentielle de nos créations. Nous avions appris à créer en nous concentrant sur les chakras du troisième œil et du cœur: il était temps d'aller plus loin et de nous connecter aux chakras inférieurs du système énergétique - en premier lieu avec le deuxième chakra où nous dirigeâmes et maintînmes l'énergie de très haute vibration - celle de création. Ainsi, afin de donner naissance à une création harmonieuse, chaque membre du cercle devait aligner les chakras couronne, du cœur et sacré. De cette manière, la création était alignée et harmonieuse.

Tout ce que nous souhaitions créer ensemble devait posséder un aspect masculin et féminin afin de respecter l'équilibre de la vie. Aujourd'hui, puisque nous existons dans un corps physique complètement activé, toute création possède aussi un corps; mais à l'époque, dans nos corps de lumière où tout ne formait qu'un, c'était différent. Il nous fallait reconnaître les aspects physiques et mentaux, ainsi que leur connexion vitale à l'objectif global.

Le Plus Grand Défi: Le Chakra Racine

Puis vînt notre plus grand défi: faire descendre cette vibration élevée dans le chakra racine. Cela demanda un long processus d'évolution. Il nous fallût des éons pour développer cette capacité. Nous nous sentions tellement plus à l'aise en nous connectant simplement à nos cœurs et nous ressentions une si grande félicité en nous connectant aux extensions de nous-mêmes à travers l'Œil. Cette étape nécessita une "densification" consciente et difficile, pour parvenir à faire descendre l'énergie jusqu'au chakra racine.

Le son changeait quand l'énergie descendait sous le chakra du cœur. Cela nous faisait l'effet de grincements et nous dûmes nous y habituer.

Des chapitres ultérieurs révéleront davantage d'informations sur les cercles de création, mais commençons, à partir des régressions, à en apprendre un peu plus sur le voyage des anciens Lémuriens jusqu'à notre planète, la Terre.

CHAPITRE 2
LE VOYAGE DES LÉMURIENS JUSQU'À LA TERRE

En tant qu'anciens Lémuriens, nous arrivâmes tout d'abord sur Terre en tant qu'Êtres fluides de Lumière pouvant adopter n'importe quelle forme corporelle. Dans notre société, tout était créé à partir de Lumière liquide. Nous vînmes de la Source, sous forme de Lumière Dorée filtrée à travers le Grand Soleil Central, où nous créâmes des êtres tels que les Elohims ou les Seigneurs de Lumière. L'énergie provenant du Grand Soleil Central fut à nouveau filtrée à travers les systèmes stellaires. En tant qu'Êtres de Lumière hautement évolués ayant voyagé au-delà de la Lumière, nous pouvions nous déplacer facilement à travers les dimensions, de la même manière que nous voyageons aujourd'hui dans les airs avec notre forme humaine au moyen d'avions, de planeurs, de jets, de fusées, de deltaplanes, etc... Nous apportâmes notre connaissance à de nombreux systèmes stellaires différents, dont Andromède, Arcturus, Les Pléiades, Alpha du Centaure, Orion ainsi que Vénus, tout en collectant dans chaque système des aptitudes et des connaissances utiles pour vivre sur Terre.

Sur Andromède, nous apprîmes beaucoup sur les technologies permettant de créer de l'énergie à partir du son et de la lumière ainsi que sur les plus hautes fréquences des mathématiques et de la géométrie sacrée, qui sous-tendent toutes les structures que nous créâmes en Lémurie. Nous apprîmes à nous transporter à travers le temps et l'espace en construisant des vaisseaux de lumières.

Sur Arcturus, nous en apprîmes davantage sur l'utilisation de la couleur et du son pour guérir et maintenir l'énergie en équilibre. Il existe actuellement de nombreux vaisseaux arcturiens autour de la Terre qui surveillent et équilibrent constamment les énergies terrestres, énergies perturbées par l'inconscience humaine.

Sur les Pléiades, nous en apprîmes également davantage sur les technologies combinant la lumière et les cristaux ; comment capter et concentrer la lumière et l'utiliser pour la matérialisation et la téléportation.

Sur Sirius, abritant le Temple de la Flamme Éternelle, la Lumière Christique qui contient les fréquences de l'Immortalité, nous découvrîmes que la conscience du Christ Cosmique était instillée sur Terre à cette époque et a continué de l'être jusqu'à présent - et probablement dans le futur. Beaucoup d'entre nous vinrent directement de Sirius sur Terre avec nos amis, les dauphins et les baleines.

Sur Alpha du Centaure, nous trouvâmes une énergie très innocente et pure et apprîmes à transformer l'Amour Pur en forme. Cette énergie de la cinquième dimension et au-delà fut très difficile à maintenir lors de notre descente dans la troisième densité dimensionnelle, mais nous en possédons tous les codes dans notre ADN.

Que certains d'entre nous viennent des Pléiades et d'autres de Sirius importait peu. Nous avions tous été sur chacun des systèmes stellaires à différents moments et certains d'entre nous possèdent une affinité plus forte avec un système plutôt qu'avec un autre. Nous sommes passés par tous les systèmes de notre galaxie lors de notre voyage du Grand Soleil Central à la Terre Mère. Nous avons rassemblé toutes les connaissances nécessaires pour notre expérience de vie terrestre. Cette connaissance fut encodée dans notre ADN et disponible dès que nos codes de lumière furent activés.

Certains d'entre nous vinrent par l'étoile centrale de la ceinture d'Orion. C'est un portail vers un autre univers, qui vibre à une fréquence plus élevée que la Terre. L'ouverture du portail commence avec la lumière blanc bleu de la cinquième dimension où tout est Unité.

Au début, nous étions des Êtres de Pure Lumière Blanche. Nous avons adopté les couleurs et les fréquences des nombreux plans dimensionnels à travers lesquels nous avons voyagé. Tous ces souvenirs sont en dormance dans notre ADN et attendent d'être activés.

Notre point d'entrée dans ce système solaire, pour parvenir sur Terre, se fit par le portail de lumière cristalline géométrique de Vénus. Ce fut une étape d'atterrissage pour tous les différents groupes, y compris les Cétacés, afin de se rejoindre de tous les autres systèmes stellaires. Nous passâmes un long moment dans les vibrations d'amour de Vénus, où nous avons travaillions avec nos corps éthériques dans les nombreux Temples de l'Amour. Beaucoup d'entre nous ne sont pas conscients que nous travaillons encore là-bas dans ces temples dimensionnels dans nos corps astraux lors de nos états oniriques.

Sur Vénus, nous rassemblâmes tout le savoir appris des autres systèmes stellaires et l'harmonisâmes avec l'Amour Pur, la vibration de Vénus. Les baleines nous y aidèrent et elles attendent maintenant de nous aider à nous rappeler que nous sommes Amour.

Une Pulsation Galactique

Au tout début, nous étions une pulsation galactique, un point de puissance galactique. En groupes, nous utilisions des techniques créatives pour combiner la couleur, la forme et la beauté. Le point de puissance galactique créa un corps physique autour de lui. Il créa tout, y compris sa propre matérialité. Ce fut un choix d'âme que d'apporter la Lumière dans la troisième dimension.

Nous avons apporté la Lumière dans le monde physique et maintenant nous ramenons le monde physique à la Lumière. Ce fut notre choix pour la croissance de notre âme. Nous connaissions la Lumière, mais nous ne savions pas si nous pouvions l'apporter dans la densité tout en demeurant Lumière, et par conséquent nous voyageâmes à travers les systèmes stellaires en réunissant une grande connaissance tout au long de notre parcours.

CHAPITRE 3
CITÉS DE CRISTAL, TEMPLES ET RÉSEAUX

Comme nous l'avons noté brièvement plus tôt, nous vînmes tout d'abord sur Terre en tant qu'Êtres de Lumière et travaillions avec la Lumière pour créer. La planète Terre était alors principalement composée d'eau, par conséquent nous descendîmes dans les océans, la matière la plus simple pour nous de commencer l'expérience de la densité d'un corps. Au début, nos corps étaient très fluides - faits de lumière liquide. Nous construisîmes des villes de cristal avec nos esprits et les tissâmes à partir de la structure de lumière, qui est l'essence que nous portons en nous. Nous y vécûmes en harmonie, dans l'amour et l'équilibre pendant des éons. Ensemble, nous donnions forme aux cités et elles chantaient. Elles chantaient le chant du cœur que nous portons en nous. Chacun de nous avait sa propre note, son chant du cœur; le cristal amplifiait ce son et le tissait pour créer des formes.

Le Grand Temple

Ajoutons maintenant de nouvelles informations quant au Grand Temple et au travail qui y était effectué. Les cités de cristal possédaient sept niveaux. Au niveau et à la fréquence les plus élevés se trouvait le lieu le plus sacré de la ville, le Grand temple, bâti sous un dôme de cristal clair, d'où jaillissait une grande flèche de cristal pointant directement vers les cieux. L'entrée du temple était large, avec des piliers de cristal et de nombreuses marches. D'immenses portes de six mètres de haut s'ouvraient vers l'extérieur. À l'intérieur, les sols étaient en marbre et le plafond en forme de dôme laissait entrer une grande quantité de lumière. Par nos pensées, la forme extérieure du Grand Temple était modifiée pour correspondre aux besoins spécifiques des divers objectifs visés.

Différents groupes venaient et créaient tout ce dont leur secteur avait besoin. Le temple pouvait également changer de configuration intérieure tout en conservant la même apparence extérieure - toujours en coopération consciente avec le bâtiment. Le temple était empli de toutes les sortes de lumière que nous désirions, il pouvait s'agir de nombreuses bougies pour un effet tamisé, d'un soleil éclatant pour une lumière vive et chaude, ou de cellules/panneaux lumineux - tout cela faisant partie de notre technologie avancée.

À certains moments, lorsque la grande flèche de cristal du Grand Temple était alignée avec le Grand Soleil Central et les nombreux systèmes stellaires, les équipes du temple composées de maîtres des grilles recevaient les énergies et les transmettaient dans les réseaux énergétiques de la cité pour les rendre accessibles à d'autres éléments de notre société. L'énergie quittait la Source sous forme de Pure Lumière. En se rapprochant de niveaux plus denses, ses codes et ses glyphes devenaient plus visibles. Ils étaient en langage de Lumière, vieux d'autant d'années que l'histoire puisse remonter. Les maîtres des grilles recevaient les informations sous forme de géométries, d'images/visions/glyphes et/ou de sons. Chaque maître recevait un aspect et l'équipe rassemblait tous les morceaux au centre du cercle. Il s'agissait d'un processus continu, ainsi chaque aspect de la vie recevait de nouveaux plans pour une amélioration constante. Ceci est similaire au processus actuel de mise à jour des programmes informatiques.

Pour faire notre travail, nous nous tenions sur une grille, un maillage en forme d'étoile, située sur le sol du Grand Temple ; l'étoile avait autant de pointes qu'il y avait de membres dans l'équipe. Certains groupes étaient composés de douze membres qui se tenaient sur une étoile à douze branches ; certains groupes étaient des équipes de neuf debout sur une étoile à neuf branches, etc., en fonction de la nature du travail et de l'énergie qui y affluait. Ces étoiles étaient le point central d'un réseau, qui s'écoulait ensuite à tous les autres niveaux de la cité. Nous programmions alors les grilles avec de nouveaux codes.

Chaque membre de l'équipe insérait dans l'étoile les informations telles qu'elles étaient reçues, et l'étoile s'interconnectait avec toutes les autres structures de la cité.

La grille principale sous-tendant la ville entière était Complétude/Unité et Amour. C'était le réseau fondamental qui garantissait que chaque aspect de la vie et de la société était en harmonie avec le tout. De plus, chaque bâtiment possédait sa propre géométrie sacrée et recevait l'énergie de l'ensemble - la vibration d'Amour. Toute chose et toute personne étaient connectées à l'ensemble à travers le réseau principal de Complétude et d'Amour, qui formait une matrice unifiante. Les maîtres des grilles transmettaient les informations dans les maillages, qui maintenaient et soutenaient la cité et toutes les activités en son sein, et les envoyaient aux équipes des temples des autres cités.

Aspects des cercles des temples périphériques

Lorsque dans les autres villes, les individus se réunissaient dans leurs cercles de cocréation dans les temples, chaque cercle téléchargeait les informations à partir des grilles spécifiques à leur domaine de spécialité. Chaque groupe avait son propre code ADN pour activer une fréquence, tout comme chaque domaine, tel que le jardinage, la technologie, la guérison, l'architecture, etc. Ces équipes étaient spécialisées dans le téléchargement et l'extraction des codes liés aux nouvelles façons de travailler dans leurs domaines de spécialité. Les équipes recevaient les nouveaux codes et les transmettaient aux autres membres de leur spécialité pour créer ce qui était envoyé. Par exemple, ils pouvaient créer un nouveau procédé pour cultiver les plantes ou une nouvelle façon de créer de l'énergie à partir des cristaux. Ainsi, de multiples équipes étaient impliquées dans les différents aspects, aucune équipe n'ayant le code entier.

En extrayant les codes de son domaine de spécialité, un membre pouvait recevoir plus d'un aspect du projet transmis : sonore, visuel et/ou géométrique.

Par exemple, quelqu'un pouvait recevoir des codes sonores et des codes visuels tandis que quelqu'un d'autre pouvait recevoir des codes géométriques et sonores. Certains téléchargements étaient transmis par des équipes de femmes uniquement, il était donc possible pour une femme de faire partie d'un groupe exclusivement féminin. Il y avait aussi des équipes exclusivement masculines, qui travaillaient avec des téléchargements impliquant une énergie plus masculine. Par exemple, une équipe composée uniquement d'hommes pouvait travailler sur l'architecture tandis qu'une équipe féminine téléchargeait des informations sur l'accouchement.

Il existait une autre manière d'accéder aux codes pour les groupes situés dans les temples. Les divers aspects d'une transmission étaient découpés en différents niveaux, nécessitant des personnes différentes dans les cercles pour accéder aux différents niveaux d'informations. Le nombre de personnes recevant les informations dans chaque domaine dépendait de la complexité du concept. C'était comme une matrice multicouche avec des géométries qui se chevauchaient et qui pouvaient être décomposées en différents niveaux; par exemple, une personne pouvait recevoir les codes sonores pour la couche 1, et une autre personne recevait les aspects sonores pour la couche 2, tandis qu'une autre personne recevait les aspects visuels pour la couche 1, etc.

Certains des concepts les plus complexes nécessitaient des équipes de douze personnes - généralement six femmes et six hommes, mais pas toujours puisqu'il y avait aussi les équipes exclusivement féminines et masculines comme mentionné auparavant. D'autres combinaisons étaient également possibles. Des concepts simples pouvaient nécessiter une équipe de trois personnes seulement. Si nous nous tenions dans une équipe de douze et dessinions les lignes de différents motifs, nous créions des formes géométriques. Par exemple, si nous nous connections soit avec la personne en face, soit avec celle à côté de nous, soit avec une troisième personne autour du cercle, nous formions un triangle. La forme des lignes dépendait de la nature de la création. Ceux qui se faisaient face ou ceux qui étaient situés sur les pointes d'un même triangle au sein d'une étoile avaient des énergies complémentaires et s'équilibraient mutuellement.

Indépendamment des aspects des équipes, tous se connectaient par le centre du cercle, car c'était là que tout s'associait dans l'Unité pour être dispersé à travers les réseaux.

C'est ainsi que les individus participaient toujours à plus d'une équipe. Un individu pouvait faire partie de l'équipe de guérison, une équipe composée uniquement de femmes ou d'hommes, et de l'équipe des maîtres des grilles du Grand Temple. Il est essentiel de comprendre que chacun agissait de manière distincte à plusieurs niveaux.

De nouvelles informations et activations arrivaient pour le niveau de conscience suivant, lorsqu'il était temps pour les autres d'y accéder. De cette manière, les nouveaux codes étaient transmis dans toute la cité et les gens les absorbaient directement dans leurs champs d'énergie. Nous portions tous le plan comme partie intégrante de nous-mêmes et étions nés avec la matrice de la Complétude. Quand c'est le bon moment, l'archive qui contient les modèles de toute création devient accessible et certaines parcelles de connaissances sont transmises. Il y avait des enseignants dans tous les différents domaines qui étaient initiés à transmettre des parties spécifiques aux autres.

La nouvelle énergie ajoutait une autre fréquence et dimension à l'énergie des réseaux. Puisque les grilles formaient la matrice qui soutenait tout et étaient les véhicules des énergies, leur entretien était essentiel. Des individus spécifiques se consacraient à cela de manière éthérique, ajustant, ajoutant et supprimant selon les besoins. Le travail physique n'était pas nécessaire parce que tout était si énergique et empreint de lumière que tout coopérait de manière divinement coordonnée.

La création des Corps de Lumière

Tout d'abord, nous entrâmes par la grande flèche de cristal en tant que couleurs. Au début, nous étions dans des Corps de Lumière et n'avions pas de corps physiques. Le modèle pour télécharger plus d'images de Corps de Lumière attendait d'être créé dans l'antenne. Pour créer davantage de Corps de Lumière, une spirale d'énergie descendait de l'antenne située sous le dôme du Grand Temple. L'énergie était un magnifique tourbillon de couleurs tournoyantes, irradiant d'incroyables nuances. Nos corps étaient comme des sphères de Lumière : bleu, rose, violet, lavande, magenta ou or. Sous le dôme, l'antenne activait le Corps de Lumière. Nos Corps de Lumière furent alimentés par la Source à travers l'antenne. Les équipes du temple étaient toutes composées d'êtres qui avaient la forme de sphères de lumière tourbillonnantes. Nous nous connectâmes les uns aux autres dans notre conscience et nous unîmes en partageant nos couleurs.

Nous faisions tellement partie du tout que la conscience de chacun englobait celle de tous les autres et nous n'étions jamais seuls. Nous nous tissâmes les uns à partir des autres en échangeant de l'Amour pur. Nous nous nourrissions mutuellement puis passions au suivant. Vert pâle, or, rose, lavande, violet et bleu, chacun donnait sa couleur à l'autre dans une belle danse harmonieuse.

Alors que le Grand Temple était au niveau de fréquence le plus élevé dans les cités de cristal, le niveau le plus bas était sous l'eau où de nombreux canaux menaient de l'océan à une belle piscine d'eau bleu clair. Les dauphins et les baleines entraient et sortaient en nageant, tout comme nous le faisions lorsque nous prenions la forme de dauphins. Nos corps étaient faits de lumière liquide, il était donc aisé d'adopter n'importe quelle forme souhaitée.

Au fil du temps, la cité prit progressivement forme. L'énergie qui provenait des couleurs et des sphères généra un corps plus défini avec des mains et des caractéristiques.

Les énergies des dauphins aidèrent. Des flots de lumière descendaient de la flèche, pleins de glyphes qui contenaient les plans. Nous pouvions sélectionner le projet que nous voulions, puis focalisions notre intention dessus. Notre forme devint plus triangulaire avec une tête et un corps plus définis. Nous choisissions le projet et lui donnions forme en le maintenant dans les couleurs que nous étions. Nous utilisions nos couleurs pour créer la forme. Tous les membres de l'équipe contribuaient en apportant leur propre couleur et créaient ensemble une forme.

Des Êtres Marins aux Dauphins

Dans la phase suivante, nous étions de forme plus dense et nous passâmes de nos Corps de Lumière dans les cités de cristal à des Êtres Marins dans les océans. Nous créâmes des cités sous l'océan avec des arches, des colonnes et des dômes qui ressemblaient à du marbre blanc. Il y avait de nombreuses plantes à l'intérieur et autour de nos villes, elles étaient toutes très fluides sous l'eau, toutes en mouvement. Les structures n'étaient pas solides; les Êtres Marins ressemblaient davantage à un spermatozoïde et à un œuf avec des énergies masculines et féminines entrelacées, créant des structures fluides auxquelles la forme était donnée par l'intention. Ces Êtres étaient créés par le mouvement conjoint des spirales mâles et femelles - l'énergie masculine orange/or et l'énergie féminine rosâtre/violette. Les Êtres Marins avaient des queues, tels les poissons, mais ils étaient plus translucides, plus éthérés. Ils travaillaient avec les dauphins en visualisant ensemble la cité - une cité de dômes et de colonnes. Les dauphins et les Êtres Marins pouvaient passer d'une forme à l'autre. Ils créaient ensemble dans un flux de danse, d'accouplement, de spirale et de visualisation.

Après cette période, les Êtres Marins devinrent des dauphins en quête du rivage. Il y eut donc d'abord une cité de cristal faite de Lumière, puis une cité sous-marine, puis la terre apparût de sous l'océan.

Les dauphins sortirent de l'eau et créèrent un corps humain. Nos corps étaient faits de lumière liquide, il était donc facile d'adopter n'importe quelle forme. Tout d'abord, ce corps eut des mains et des pieds, mais une tête de dauphin parce que c'était le troisième œil du dauphin qui créait tout cela à partir du cerveau galactique du dauphin.

Nous créâmes les premières cités terrestres en focalisant notre intention à travers le troisième œil. Il y avait de nombreuses plantes, mi-aquatique et mi-terrestre. Nous étions au-dessus de la mer, mais les plantes ressemblaient plus à des plantes sous-marines – un mélange entre la vie marine et la vie végétale actuelles.

L'Adoption d'une forme physique

Les brins d'ADN libéraient en continu des codes de lumière pour chaque étape suivante de l'évolution. A partir de là, nous passâmes au stade de la forme humaine. Avec elle, vinrent plus de structures matérielles, toutes faisant partie de l'évolution et de l'émergence de la vie. Nous avions des mains humaines, le toucher et la capacité de sentir le visage de l'autre. Cela modifia totalement toute chose, pas tant la création liée au troisième œil, mais dorénavant cette dernière

14

se faisait avec des mains humaines - une expérience totalement différente. C'est à ce moment-là que nous commençâmes à construire en utilisant nos mains. Nous perdîmes une partie de la beauté, de l'aspect merveilleux. Le toucher changeait les choses. Au lieu de juste être et créer par la pensée et la visualisation, nous créions désormais avec nos mains à partir d'énergie matérielle plutôt qu'immatérielle. Nous étions dorénavant mortels, nous connaissions la mort. Dans cette forme plus dense, nous étions des êtres physiques, mais dans les lieux précédant la naissance et succédant à la mort, nous étions toujours sur les plans éthériques où nous nous déplacions et créions par la pensée et l'intention.

Au début, nous ne vivions que dans les cités de cristal au fond de l'océan car il n'y avait pas beaucoup de terres. Par la suite, d'autres terres surgirent des océans et nous construisîmes alors des cités terrestres. Nous mîmes donc l'énergie de nos réseaux dans les lignes telluriques qui relient l'ensemble de la Terre. Des points particuliers, à travers le globe, devinrent des récepteurs et des émetteurs afin que les Grilles de Complétude enveloppent la Terre et maintiennent tout en équilibre et en harmonie. Lorsque la terre sortit de l'eau, nous décidâmes de prendre des corps denses pour marcher sur le sol. Nous utilisâmes le plan éthérique de la cité de cristal pour la cité physique terrestre. Ensuite, nous utilisâmes notre esprit pour construire des villes et des temples dans ces villes de marbre et de pierre.

Le temple comme lieu de reconnexion à la Source

Comme dans les cités de cristal, nous allions régulièrement au temple, désormais sur terre, pour nous reconnecter à la Source. Nous venions de tous les niveaux, particulièrement si nous avions voyagé en dehors de la cité. Les enfants y étaient amenés pour se remémorer qui ils étaient. Comme avant, le temple était le lieu avec la fréquence la plus élevée de toute la ville. Tout le monde devait y venir régulièrement pour pouvoir maintenir sa fréquence. Tous y étaient nourris par le réseau et par leur connexion à leur groupe (groupe d'âmes avec lequel nous vînmes). Le sentiment d'individualité était bien moindre que celui actuellement présent sur Terre. Le sentiment de séparation ou de devoir tout faire seul n'existait pas. Il y avait tellement de niveaux de soutien. Nous avions notre propre groupe d'âmes, ainsi que le groupe au sein duquel nous travaillions qui constituait une communauté. Puis, il y avait une communauté plus grande formée par nous tous.

Le rôle de l'eau dans le temple

Sous un dôme, au centre du Temple Intérieur, se trouvait une fontaine et l'eau coulait sous le sol, si bien que nous étions debout sur l'eau lorsque nous travaillions dans nos cercles. Lorsque la couleur du temple changeait, la couleur de l'eau changeait également et s'écoulait dans l'océan, modifiant ainsi la fréquence de la planète. Si le temple était un cœur, alors l'eau qui coulait était les artères qui captaient et transportaient l'énergie de ce que nous faisions pour qu'elle puisse se répandre et alimenter les eaux de la planète.

Nous étions en harmonie avec tout ce qui se passait autour de la planète. Lorsque nous voyions des choses qui devaient être modifiées, nous travaillions sur la question dans le temple. Puis, l'eau transportait la fréquence alors nécessaire pour rétablir l'harmonie et l'équilibre. Cela changeait tout car, même si ce que nous devions influencer concernait la terre, l'eau s'évaporait dans le ciel et retombait au sol sous forme de pluie.

L'eau portait également la fréquence des formes géométriques qui pouvaient être invoquées selon l'œuvre que nous réalisions. La combinaison de l'eau et des propriétés alchimiques propres à sa conscience comportait la fréquence de la forme géométrique. Ensuite, il pleuvait et l'eau parvenait là où le travail devait être effectué.

À l'extérieur du temple, l'eau coulait sous les rues - une eau propre et claire. Il y avait des cours d'eau et des jardins partout. Les cours d'eau étaient recouverts afin que nous puissions marcher dessus; cependant, si nous voulions toucher l'eau, nous pouvions simplement passer la main à travers la protection. Ainsi l'eau était protégée, mais nous pouvions aussi y avoir accès.

Tout était si beau et si coloré. Il y avait de l'eau partout; les cours d'eau formaient des motifs géométriques comme la spirale du centre d'un chrysanthème. Il y avait des motifs en spirale partout dans la ville.

L'eau charriait la force vitale à travers la ville pour alimenter chacun. Elle transportait la fréquence de l'amour de chacun envers tous les autres; c'était une symbiose entre la Terre, l'eau, les personnes et les plantes. Vivre dans ce paradigme harmonieux était si magnifique. Toutes les formes de vie se nourrissaient et donnaient les unes aux autres. Les plantes se voyaient donner une forme qui leur permettrait de se transformer en autre chose. Il n'y avait pas de décharges pour les ordures - aucun lieu où nous jetions les choses. Quand nous avions fini d'utiliser quelque chose, cela transmutait en une nouvelle forme.

Notre défi aujourd'hui est de ramener cette mémoire dans notre corps physique et d'utiliser davantage la capacité de notre cerveau/troisième œil. Depuis que nous sommes passés dans les chakras inférieurs après La Chute, nous n'utilisons qu'un faible pourcentage de notre cerveau et le reste s'est atrophié. Nous le possédons toujours en tant que potentiel, mais nous sommes désormais devenus si denses que nous le mettons au service du matériel au lieu de pouvoir utiliser la capacité que nous avons. Cette Ère du Verseau est pour nous le moment d'être plus créatifs dans le royaume mental du cerveau droit. À mesure que nous reconnecterons nos brins d'ADN, nous aurons à nouveau accès à la partie créative du cerveau.

CHAPITRE 4
MANIFESTER NOTRE MONDE

Comme noté précédemment, en Lémurie, nous créions les cités et les bâtiments à partir de cristaux et de pierres. Dans ce chapitre, nous ajouterons des informations relatives au Grand Temple. Les cristaux en Lémurie étaient gigantesques, de la taille de maisons, et parfaitement lisses et transparents comme s'ils avaient été taillés avec une scie à diamant.

Tous les habitants vivaient dans un sentiment de confiance totale, avec le Grand Temple comme source de toute l'énergie de la cité. Au centre du Grand Temple se trouvait un cristal massif qui était le lieu de transmutation. Il était à la fois dans cette dimension et en dehors - un portail qui était ici et ailleurs - une ouverture vers l'univers - son immensité et sa puissance. C'était là que la matière et l'énergie se rencontraient et se mêlaient.

Le Grand Temple agissait comme un amplificateur qui irradiait l'énergie partout. L'énergie passait à travers tous les cours d'eau, puis dans les océans, jusqu'à chaque personne de la cité qui y ajoutait sa vibration. Ceux qui vivaient autour de la ville amplifiaient l'énergie car ils étaient abondamment inondés par la lumière tout autour d'eux, ainsi toute la cité et la campagne étaient imprégnées de cette énergie de félicité. Pour tous ceux qui vivaient dans la ville, c'était comme vivre au paradis et ils partageaient cette énergie avec la planète. Chaque individu était comme un prêtre ou une prêtresse – avec une conscience si élevée et lucide avec cette haute fréquence énergétique.

Tous les Êtres qui œuvraient dans le Grand Temple devaient s'accrocher à leur identité, parce qu'il était si simple d'être emporté dans l'immensité et de littéralement disparaître du fait de la puissance du vortex.

C'était difficile de se tenir dans cette énorme puissance. Des êtres d'autres dimensions nous y aidaient. Nous nous tenions sur les bords, dans les coins, tenant l'espace, chacun pleinement concentré. Il fallait une immense concentration pour maintenir cet équilibre entre le déploiement et l'introduction des énergies. Nous étions comme des balises pour cette source d'énergie. Un seul moment d'inattention et nous pouvions être emportés, comme balayés par le vent. C'était très intense, incroyablement intense. C'était là où la matière et l'énergie, et toutes les lois physiques, s'unissaient dans cette autre onde - comme si nous étions au centre de l'univers. De même, les prêtres et les prêtresses devaient maintenir leur concentration pour amener l'énergie dans cette dimension et la diriger vers les autres.

Alors que nous nous tenions là, concentrés, nous apercevions une lumière étrange, comme de l'ultraviolet incluant au centre d'autres couleurs qui venaient du néant noir, l'immensité du vide. Dans ce vide venait ensuite la lumière blanche, puis elle se fondait dans les autres couleurs du spectre en pénétrant au centre du temple. Nous l'accompagnions et la maintenions en équilibre. Nous étions tel un pont entre chacun de nous et les autres dimensions. Nous étions tous connectés à Dieu et avions cette confiance et ce pouvoir parfaits pour créer. Nous étions le pont vers l'immensité. Nous nous tenions comme des sentinelles autour du centre, près des murs et cette puissante énergie nous traversait. Nous nous tenions à mi-chemin entre être humain et être Dieu dans cette immensité - à mi-chemin mais juste au bord. C'était comme se trouver dans un trou noir où vous n'êtes pas aspirés, mais juste au bord, si bien que si vous avancez davantage, vous vous retrouvez aspirés et vaporisés/détruits.

Lorsque nous travaillions dans le Grand Temple, nous, cette équipe de douze êtres debout sur une étoile à douze branches, ne pouvions pas avoir d'ego. Nous nous tenions sur le bord, contenant cette énergie incroyable; c'était presque trop.

Nous maintenions le dôme en place; nous attirions l'énergie à travers nous-mêmes, ce qui requérait une profonde concentration. Nous la maintenions en parfait équilibre, entre l'inspiration et l'expiration, et tous les cieux étaient en mouvement, les étoiles et les planètes. À un moment, nous concentrions toute l'énergie puis la relâchions dans les grilles. Elle descendait verticalement dans la Terre à travers nos corps et horizontalement dans le réseau de lumière qui partait du Temple et englobait le monde dans son entier.

Cette énergie était particulièrement puissante dans la ville, mais elle se transmettait aussi partout, il n'y avait pas de frontières. C'était au-delà des frontières physiques. Ces énergies étaient transmises aux autres dans le reste du monde en parfaite unité - tous appartenaient à cette culture, pas seulement les membres du Grand Temple. C'était la source d'énergie. Nous étions les conducteurs; nous manipulions l'énergie brute au-delà de cette dimension, là où les lois physiques la fusionnent et la fondent en d'autres formes.

L'Homme, avec son niveau de conscience actuel, n'est véritablement pas en mesure d'appréhender l'énorme puissance de ce phénomène, d'apporter cette énergie dans la conscience humaine et de la transmettre pour qu'elle puisse être reçue par les autres. Ce phénomène élevait la conscience de chacun - c'était si merveilleux! Cela faisait de chaque Être du temple une sorte de super être, comme les maîtres ascensionnés, capables de transmettre la matière et de créer à partir de rien simplement en se concentrant, en créant l'intention puis en la manifestant dans une perfection absolue. Nous amenions cette puissance, la maintenions, la stabilisions et la distillions dans le réseau. Puis, nous pouvions nous reposer pendant que d'autres venaient nous remplacer.

Il est difficile pour nous aujourd'hui de conceptualiser ce qui était à cette époque, tout simplement parce que ces Êtres étaient absolument totalement connectés à la conscience de Dieu, à l'Unité du tout.

La création de ces formes physiques apportait un sentiment de Félicité, d'Unité, d'Amour et de connexion à tous les autres. Les formes étaient amenées d'un endroit où il n'y avait ni passé, ni présent, ni futur - seulement l'Unité. Nous apportions ce qui sera à ce qui est. Tout ce qui Sera et Tout ce qui Est et Tout ce qui Fut sont concomitamment en ce lieu. Nous apportions le Divin dans toutes ses dimensions.

Nous apportions la perfection, qui comprenait la capacité d'être en esprit et en union avec l'immensité, tout en ayant en même temps cette intelligence, qui n'était ni une pensée séparée ni individuelle. C'était comme se transformer en Lumière, une union très paisible mais extatique, la béatitude. Nous recevions et modelions l'énergie brute. D'autres êtres comme nous se tenaient sur d'autres sites spéciaux partout dans le monde et recevaient et transmettaient ces informations.

Les êtres de polarité féminine extrayaient l'aspect féminin des codes du concept, qui s'associait parfaitement aux aspects masculins des codes. Des flots de codes circulaient selon la polarité des partenaires et correspondaient aux codes que leur homologue introduisait. La fusion des deux partenaires activaient les codes. Cette énergie était rayonnée par le binôme et transmise à tous les Travailleurs de Lumière à travers le réseau.

Les gens allaient et venaient des temples aux centres énergétiques situés partout sur Terre. Ils arrivaient, recevaient les codes, téléchargeaient les informations puis redonnaient eux-mêmes l'énergie au réseau. Ils devinrent ainsi des émissaires de Lumière puisqu'ils circulaient sur la Terre. De petits filaments de Lumière les reliaient aux grilles pendant qu'ils se promenaient, ainsi tout le monde était connecté à l'énergie. Certains étaient reliés en plusieurs points, d'autres en un seul. Tous ceux qui marchaient sur Terre à cette époque étaient connectés à cette énergie, le chemin du retour vers la Source.

Nous nous nourrissions mutuellement. Nous étions Pur Amour et notre essence était transmise à travers les faisceaux de lumière, que nous projetions dans le réseau, en la maintenant avec notre lumière. Des flots de codes affluaient lorsque nous étions sous le faisceau. Nous étions debout, nos paumes se touchaient, créant une énergie intense. Tous ces codes furent stockés dans notre ADN et attendent aujourd'hui d'être activés. Le masculin et le féminin venaient ensemble, fusionnant et mêlant leur ADN. Les femmes détenaient les codes de l'aspect féminin de la création, et les hommes les codes de l'aspect masculin de la création. Nous les assemblions, fusionnant l'hélice en spirale de l'ADN et téléchargeant cette énergie dans les grilles. Lorsque d'autres venaient prendre le relais, nous leur transmettions le flux. Ils entraient en nous puis nous sortions d'eux afin de maintenir continuellement le flux. Il devait toujours y avoir quelqu'un dans le flux pour maintenir l'énergie, mais nous véhiculions aussi cette énergie lorsque nous voyagions.

À l'heure actuelle, nous devons amener cette énergie ici, sur le plan terrestre, pour l'ancrer dans le cœur cristallin de Gaïa et dans les réseaux terrestres. Nous pouvons remonter le temps pour obtenir les codes et revenir les apporter ici et maintenant. Les codes allument la trame cristalline de Gaïa. L'équipe du temple maintient le faisceau et l'alimente pour que nous l'apportions ici et maintenant. Le faisceau d'énergie galactique provenant de la Source descend au centre de la Terre et explose en lumière stellaire alors que Gaïa le fait actuellement naître dans son corps d'étoile. Nous nous relions à l'énergie de la Source à travers les membres du temple, qui répandent en nous leur cœur, et nous faisons couler cette énergie dans le réseau - à notre époque actuelle. Nous nous tenons sur Terre maintenant comme nous le faisions dans le temple en Lémurie, en maintenant l'énergie correctement en équilibre. C'est tellement puissant. Comme avant, nous la maintenons au point d'équilibre qui permet de la laisser entrer et sortir pendant qu'elle pénètre dans les grilles.

CHAPITRE 5
LA CONSTRUCTION DES BÂTIMENTS EN LÉMURIE

Ces Lémuriens capables d'accéder aux archives et de télécharger la matrice de la structure coordonnaient la création des bâtiments. Ils furent initiés pour transmettre la matrice parce qu'ils étaient évalués sur leur capacité à recevoir sans distorsion. Ils pouvaient donc obtenir le plan parfait pour le bâtiment. Ils transmettaient ensuite des parties du plan aux personnes qui allaient le construire.

Certaines personnes étaient en charge des aspects physiques de la construction et d'autres s'occupaient des qualités énergétiques de la création du bâtiment. Des modèles spécifiques existaient pour chacun. Celui qui téléchargeait les informations relatives au plan les transmettait séparément à chacun des autres membres de l'équipe de construction.

La fréquence, la forme, la couleur d'un bâtiment devaient être en harmonie avec le concept de Complétude de ce bâtiment, puisque le bâtiment possédait une conscience. Sinon, le bâtiment aurait été une combinaison d'efforts individuels. Même si les gens avaient des fonctions différentes, le concept de Complétude était le principe unificateur.

Une cérémonie, ou au moins un moment conscient, faisait partie intégrante du processus de construction pour maintenir toutes les pensées, actions et intentions alignées avec le concept de Complétude du bâtiment. Tous surveillaient leur propre contribution afin de s'assurer qu'ils demeuraient en harmonie avec cette Complétude. Certains surveillaient le bâtiment afin de s'assurer qu'il s'intégrait au concept de Complétude de la cité.

Ils surveillaient les connexions les plus énergétiques afin que chaque facette de ce qui se manifestait soit un reflet de l'Unité transmise à travers les codes.

De plus, une équipe du temple était rassemblée pour la création particulière qui allait être manifestée. Les membres se tenaient sur une forme géométrique, qui possédait autant de points que l'équipe avait de personnes. Chaque projet avait une géométrie spécifique, et en pénétrant dans cette géométrie ils demeuraient en contact avec l'Unité pour leur création spécifique. L'équipe pouvait être composée de 3, 6, 7, 8, 9 ou 12 membres, selon ce qui était créé. Ils se tenaient à leur place sur la forme géométrique, par exemple sur les pointes d'une étoile ou sur les côtés d'un hexagone ou d'un octogone.

Les différentes formes géométriques émettaient des fréquences différentes, par conséquent leur utilisation dépendait de la raison d'être du bâtiment. Il pouvait y avoir plusieurs bâtiments de la même forme s'il y avait beaucoup de travail à faire dans cet aspect. Les pièces avaient une certaine forme, mais au fil du temps, lorsque cette partie du travail dans ces bâtiments était terminée et que cette énergie n'était plus nécessaire, le bâtiment prenait une forme différente. Le bâtiment captait toute l'énergie qui l'entourait et changeait de forme pour correspondre à la fréquence émise par la ville. Si nous travaillions sur un aspect particulier, nous nous concentrions sur la forme suivante et le bâtiment se transformait. Les bâtiments étaient constamment adaptés aux besoins du moment. Toutes les structures étaient comme des entités vivantes que l'eau maintenait ensemble et aidait à se transformer en une nouvelle forme. La structure était toujours fluide, toujours prête à devenir ce qui était ensuite nécessaire.

L'équipe utilisait le son, l'intention et la visualisation. Tous se concentraient au moyen du troisième œil, et tout ce sur quoi ils se concentraient se manifestait réellement au centre du dessin. L'essence des matériaux de construction était la même que pour tout le reste – de la lumière liquide sous toutes ses formes, y compris les cristaux/formes cristallisées. Cette essence venait sous forme de lumière qui était concentrée et densifiée pour créer une forme. Les bâtiments avaient la qualité d'être translucides car ils étaient fabriqués à partir de lumière liquide. Ils avaient de la douceur et irradiaient la lumière. Nous étions capables de construire d'énormes structures comme les pyramides en chantant dans le matériau pour le ramollir et qu'il puisse être modelé. Certaines personnes étaient douées pour donner vie aux bâtiments et aux structures.

Le plan du bâtiment était lié à l'objectif du bâtiment. Le réseau de Complétude sous-tendait toujours les grilles liées à l'objectif spécifique ou aux qualités du bâtiment. Un bâtiment possédait sa propre grille spécifique liée à son objectif, comme la guérison par exemple, mais cette trame se situait au-dessus du réseau de Complétude.

La construction était effectuée lorsque les énergies étaient très limpides. C'était un processus de cocréation entre la conscience de la lumière liquide et l'équipe, faisant pousser organiquement un bâtiment. Nous dirigions et construisions avec nos esprits, en façonnant la structure cristalline et en maintenant la conscience pendant que nous travaillions en rotation, puisqu'il fallait quelqu'un en permanence sur le site.

Des germes cristallins spéciaux étaient cultivés, dont le but était de se développer et de croître à un rythme accéléré. Nous maintenions dans notre esprit la pensée de ce que nous voulions créer, le construisions sur le plan éthérique, puis nous nous harmonisions aux cristaux. Nos pensées entraient en symbiose avec le cristal, y étaient téléchargées, et le cristal manifestait nos pensées sous la forme d'un bâtiment. Il s'agissait de cristaux très spécialisés créés à cet effet.

Le cristal était différent des types de cristaux présents sur Terre aujourd'hui. Il était plus résistant et avait la capacité de changer de forme selon les besoins. Il répondait à l'équipe au fur et à mesure de sa croissance, c'était donc comme un mandala. L'eau jouait un rôle dans la construction, elle était l'agent qui reliait l'ensemble. Le cristal renvoyait des idées qui affinaient le plan, créant ainsi un meilleur bâtiment. En effet, le cristal et l'eau apportaient leurs intelligences à l'équipe pendant le processus de création. Le cristal et l'eau se développaient et œuvraient conjointement pour que le bâtiment grandisse rapidement. Cette fluidité cocréative de communication et de forme avec l'eau, agissant comme lien, était vivante, croissante et interactive. Les murs se formaient à partir de la combinaison de cristal et d'eau.

Il y avait différentes densités dans un bâtiment. Par exemple, les sols étaient plus denses que les murs. Le sol était conçu comme un reflet du réseau de Complétude; il avait la même empreinte de sorte qu'à chaque étape, nous nous connections avec le tout. Il possédait les mêmes couleurs et le même motif que le réseau.

Une fois le bâtiment créé et mis en fonction, nous pouvions interagir avec lui si nous avions besoin qu'il ait une forme ou une couleur différente, et il changeait selon nos besoins. Les couleurs des bâtiments pouvaient également varier en fonction du type de travaux que nous devions effectuer. Nous nous tenions dans nos cercles de temple, intensifiant différents tons selon notre intention, convenue au préalable, et celle du bâtiment lui-même. Cela créait une onde de fréquence extraordinairement puissante qui englobait la planète. C'était incroyable ce qu'un petit nombre de personnes pouvait créer en combinant toute son énergie en symbiose avec l'eau, les cristaux, la lumière, tout. Tout fonctionnait ensemble.

La cité était disposée selon un schéma circulaire comme un mandala. Tout était organisé géométriquement autour de rues circulaires. Il y avait des rues, telles des anneaux, avec des bâtiments entre. Toute la ville était préalablement conçue à partir d'un plan d'ensemble. Les bâtisseurs sortaient avec leurs cristaux, s'harmonisaient aux cristaux, puis réalisaient leur part du projet. La construction débutait au centre du cercle et s'étendaient vers l'extérieur dans des cercles toujours plus larges. Chaque cercle était complet en soi. La construction en cours était toujours dans l'anneau extérieur, mais la cité à l'intérieur était déjà établie. À mesure que les cercles étaient terminés, la cité devenait plus établie dans un contexte plus large.

Plus tard dans la civilisation lémurienne, les bâtiments devinrent plus petits que ceux des cités de lumière cristallines originelles. Ils étaient plus bas, entre six et dix étages. Dans les premiers, on pouvait voir la lumière à travers, mais les derniers étaient plus opaques, plus utilitaires qu'esthétiques.

CHAPITRE 6
TECHNOLOGIE

Voici ce qu'était la Lémurie il y a environ 70 000 ans. Nous étions les pionniers, vivant ici tout en observant comment les choses évoluaient pour pouvoir trouver la meilleure façon de fonctionner sur ce plan. Nous avions besoin de passer un peu de temps dans l'énergie de la Terre pour voir ce qui fonctionnait le mieux.

En Lémurie, l'eau coulait sous les rues et créait un champ d'énergie qui interagissait avec les véhicules. L'énergie transportée par l'eau irradiait au-dessus des rues afin que les voitures puissent interagir avec elle - un peu comme un train magnétique, où les wagons ne touchent jamais le sol. Les véhicules étaient des engins pour deux personnes, comme de petits vaisseaux spatiaux montés sur un coussin d'air. Arrivés à destination, nous éteignions la voiture qui allait se ranger tranquillement. Lorsque le champ d'énergie diminuait, la voiture descendait doucement jusqu'au sol en flottant, les ailes repliées, et nous en sortions.

Des véhicules plus gros étaient utilisés pour transporter des marchandises. Ils n'étaient pas aussi grands que nos camions actuels ; ils étaient plutôt petits pour pouvoir entrer et sortir de la ville sans causer d'embouteillages. Les véhicules de transport étaient déchargés sur les quais situés à des niveaux plus élevés que tout le reste. Un interrupteur activait le champ d'énergie et soulevait le véhicule. Tous les quais de déchargement étaient au-dessus du niveau de la rue, pour que la circulation puisse continuer en dessous. Les planificateurs créèrent différents niveaux pour permettre la liberté de circulation.

Les marchandises arrivaient dans une sorte de hall d'entrée. Les bureaux, la distribution et les zones de stockage étaient situés un étage au-dessus de ce niveau et accessibles par un ascenseur. Tout fonctionnait en harmonie.

Chaque article de la cargaison était entouré d'un champ, donc lorsqu'un véhicule de marchandises arrivait, les machines de réception s'attelaient à décharger ce qui devait l'être en premier. Une sonde pénétrait la cargaison et faisait savoir ce dont elle avait besoin pour réaliser le déchargement. Un champ d'apesanteur était créé et tout se déchargeait automatiquement. Le conducteur mettait le véhicule à quai et attendait que le voyant s'allume. Il savait alors qu'il était prêt à passer au quai suivant et la cargaison s'envolait.

Il y avait une puce à l'extérieur de chaque colis qui créait un champ d'intelligence autour de lui. Ainsi lorsque le colis arrivait, le véhicule pouvait interagir avec cette intelligence. Il savait exactement ce dont il avait besoin, l'ordre dans lequel il devait être déchargé et où il devait aller. Cette intelligence était programmée pour que les travailleurs n'aient pas besoin d'effectuer de tâches ingrates.

Les colis contenaient du matériel pour les bureaux et les centres de contrôle. Alors que les entreprises se développaient et nécessitaient de nouveaux équipements, ceux-ci furent ajoutés aux machines existantes. La technologie se mettait toujours à jour elle-même. Ce faisant, de nouvelles choses furent transportées pour améliorer ce que nous avions déjà. Tout était conçu pour s'ajouter à l'existant afin que rien ne soit obsolète jusqu'à ce qu'un tout nouveau modèle apparaisse. Lorsque cela se produisait, il y avait toujours un moyen de recycler tout ce qui devait être remplacé.

Tout était construit consciemment, il n'y avait donc pas de déchets. Tout était utilisé. Les choses qui se décomposaient allaient dans d'autres choses qui utilisaient l'énergie de la décomposition pour créer de l'énergie, tout comme aujourd'hui nous exploitons le gaz méthane des sites d'enfouissement. Rien n'était gaspillé en Lémurie. Quand quelque chose devenait obsolète, il était utilisé pour servir un autre objectif. C'est quelque chose que nous devons faire maintenant sur Terre.

Le processus de fabrication était un processus de cocréation où les choses se construisaient d'elles-mêmes de manière organique. Lorsque les cocréateurs s'accordaient sur une conception, ils engrammaient un nouveau programme dans le cristal, qui créait automatiquement le motif. Des robots effectuaient la partie manuelle de toute chose, si nécessaire. Ils étaient contrôlés par télépathie et étaient connectés consciemment aux cristaux et aux personnes qui les avaient conçus. Les robots venaient de l'extérieur de la planète.

Personne n'avait besoin de peiner. Si nous avions besoin de quelque chose, nous en faisions simplement la demande et nous le recevions. Nous étions en contact avec nos racines stellaires qui, en permanence, nous fournissaient et échangeaient des informations. Notre technologie provenait d'autres civilisations plus avancées que la nôtre, nous pouvions ainsi passer plus de temps à « être » qu'à « faire ». Certains d'entre nous étaient venus d'autres systèmes stellaires en tant que techniciens, surveillant la planète et évoluant personnellement en étant au service des Lémuriens.

CHAPITRE 7
LE TRAVAIL

Tout le monde travaillait dans une équipe qui pouvait également inclure les équipes de prêtres et de prêtresses du temple, tout comme les jardiniers, les enseignants, les guérisseurs, les bâtisseurs et les chercheurs en technologie. Une grande partie du travail tournait autour de la création et de l'entretien en utilisant des corps subtils plutôt que le travail physique. Soit les gens créaient de nouvelles choses, soit ils contrôlaient ce qui existait déjà. La société n'était pas axée sur le travail parce que nous ressentions une joie commune à servir le tout. Sur Terre aujourd'hui, nous sommes comme des fourmis ouvrières ; à l'époque de la Lémurie, c'étaient les machines qui œuvraient.

La plupart des gens étaient l'équivalent de nos cadres hautement rémunérés. Ils disposaient de salles de sport et autres installations confortables dans un environnement propice au bonheur et au bien-être. Le premier point d'attention lors de la création de quelque chose était qu'il devait pouvoir être utilisé sans effort. Le point d'attention suivant était que tout devait être sain pour chacun et ne pas émettre de champ toxique. Le dernier point était que tout devait pouvoir servir à un autre usage une fois son utilité première expirée.

Les lieux de travail n'étaient vraiment pas comparables à ce que l'on nomme aller travailler. Les gens venaient pour surveiller les créations dans un environnement où nous pouvions en même temps travailler sur nous-mêmes. Tout était conçu pour le bien-être de tous et de tout. Partout dans la ville, il y avait des parcs et jardins splendides pour se promener ou pour contempler. Les gens s'investissaient spontanément pour travailler dans les domaines où ils possédaient des dons naturels et qui les rendaient joyeux. Tout le monde pensait que le travail n'était pas un fardeau puisque chacun faisait juste ce qu'il aimait faire.

CHAPITRE 8
L'UNION SACRÉE

Le but de l'Union Sacrée était d'atteindre un état de conscience d'unité plus élevé. C'était utilisé comme un moyen de transformer l'énergie. Il y avait un côté exquis à cela ; le but était d'amener chaque partenaire à une connexion plus totale avec l'Unité. Des couples de vibrations similaires étaient attirés l'un vers l'autre. Il vivait une passion intense et ils sentaient qu'ils avaient des connexions, des intérêts, des élans et des buts communs. Ils nous ressemblaient en ce sens qu'ils étaient attirés l'un vers l'autre par la passion, le magnétisme et la connexion de l'âme. Ils se mettaient en couple pour équilibrer les énergies masculines/féminines dans une expérience d'Unité.

Les couples s'unissaient dans l'engagement et la passion pour faire l'expérience d'un grand Amour, en fusionnant leur amour individuel dans un tout plus grand. Au début, il s'agissait davantage d'un échange énergétique, mais à mesure que nos corps se densifièrent, les relations devinrent aussi sexuelles bien que l'union ait toujours été considérée comme sacrée, hautement honorée et vénérée. C'était une célébration des énergies masculines et féminines réunies dans un équilibre parfait. Grâce à l'union sacrée extatique avec le Bien-Aimé (âme sœur), nous pouvions faire l'expérience de la connexion extatique avec l'Un, la Source, à un niveau plus profond, passionné et intime.

Un homme et une femme choisissaient de s'unir pour s'offrir comme réceptacles sacrés pour l'Union avec le Divin. Cette union sacrée était considérée comme la plus haute forme de service pour créer un calice pour le féminin sacré et un calice pour le masculin sacré. À travers cette union, les personnes impliquées amenaient littéralement le Divin dans le champ énergétique de toute la ville. Au début, l'énergie était déployée dans les réseaux des villes, mais plus tard elle fut transmise dans les réseaux de la Terre entière.

L'énergie contenait les deux polarités du Champ Divin: un équilibre entre l'énergie masculine et féminine.

De tous temps, le but de l'Union était de créer un véhicule pour répandre l'Amour Pur sur Terre. C'était une façon d'entretenir les réseaux de Complétude et d'Amour Pur. C'était un grand honneur d'être invité à l'Union et de faire Le Grand Mariage, le plus grand honneur que quelqu'un puisse offrir à un autre. Lorsque nous apportions l'énergie de l'Union dans le monde physique, elle était très pure et sacrée, par conséquent les rites de Mariage étaient toujours réalisés dans le Grand Temple. C'était ressenti comme un privilège de pouvoir apporter cela à la communauté, comme une offrande pour les réseaux.

Après La Chute, les énergies se dénaturèrent et l'objectif devint le plaisir physique, ce qui n'a jamais été l'intention initiale. La Joie de l'Union est l'essence des enseignements Tantriques que les écoles hindoues et tibétaines enseignent encore. Lorsque nous nous unissions dans l'Union Sacrée, nous nous connections aux sept chakras et nos corps de lumière se mêlaient. L'homme avait sa propre matrice et la femme avait sa propre matrice. Lorsque ces deux matrices fusionnaient, elles s'entremêlaient l'une à travers l'autre et créait une géométrie nouvelle, une création nouvelle formée de lumière liquide.

Le contact se faisait d'abord par les yeux. Chaque couple possédait une séquence spécifique de sons, de couleurs, de tons et de respirations qui reliaient les chakras et transformaient la connexion en une expérience de lumière énergétique. La fusion de leurs deux corps de lumière dans une union extatique créait un incroyable champ d'énergie. C'était un abandon total à l'énergie de la Complétude. Cela ressemblait à une expansion infinie, à la création d'une sphère, qui se transformait en un vortex. Il y avait une grande concentration d'énergie dans la sphère qui était exquise sur le plan personnel et pouvait être dirigée pour la création de n'importe quel projet.

Cette énergie pouvait aussi être introduite dans la matrice de Complétude pour soutenir le champ d'Unité de toute chose. Elle pouvait également être dirigée sur la création d'un enfant ou utilisée dans la manifestation de tout ce dont le couple avait besoin/désirait mettre en forme.

Dans l'union, chacun avait la capacité d'atteindre une phase de Complétude totale, mais certains avaient un don plus grand que d'autres pour générer davantage d'énergie pour le vortex. Ils étaient comme des batteries d'énergie pour le champ de Complétude/Amour – ils entretenaient les feux. Ils étaient ceux qui avaient reçu le plus d'initiations pour les aider à accéder aux Archives et à apporter plus de puissance. Il y avait un flux et reflux naturels permettant de savoir quand les champs devaient être «chargés» de cette manière. Les deux partenaires avaient conscience du moment où le champ devait être alimenté.

Le but de l'Union Sacrée était rarement en soi de créer des enfants. Il s'agissait plutôt de nourrir le système en énergie d'Amour car c'était l'énergie la plus puissante que nous pouvions créer. Au moment de l'union extatique, l'énergie se connectait automatiquement au champ. Nous n'avions rien à "faire" pour relier l'énergie, juste à avoir l'intention d'en alimenter le système, comme des points d'acupuncture, dans le réseau.

L'Union Sacrée était le véritable but des rites sexuels dans leur forme la plus pure telle qu'elle fut pratiquée dans de nombreuses religions anciennes. L'énergie créée par l'union du masculin sacré et du féminin sacré en une communion sacrée pouvait être dirigée pour guérir ou pour amener le pouvoir de création dans un projet en conservant ce but comme centre d'attention ou intention. Les druides utilisaient cette énergie pour aider les cultures à pousser et pour maintenir l'équilibre de tous les règnes. Les anciens Égyptiens et les Amérindiens utilisaient les rites sexuels pour créer une énergie de haute fréquence pour initier les étudiants.

Le véritable but du Tantra est de faire l'expérience du Divin à travers l'union extatique. Après La Chute, l'énergie sexuelle a été profanée et les prêtresses du temple furent tenues en esclavage et dans la prostitution. Il est maintenant temps que l'énergie sexuelle soit renvoyée au temple où elle devient un véhicule pour faire l'expérience de l'Amour pur et sacré.

Nous renouons en ce moment avec les partenaires avec lesquels nous avons travaillé en Lémurie. Nous possédons déjà, dans nos corps énergétiques, les codes de l'union extatique qui attendent d'être réactivés. Nous nous reconnectons à nos partenaires d'antan. Lorsque nous nous connectons à eux et partageons nos énergies, nous appelons cela "faire l'amour". Nous sommes l'Amour et lorsque nous nous unissons dans la Félicité, dans la Joie orgasmique, nous sommes conscients que tous les Êtres collaborent avec nous : les dauphins, les baleines, les étoiles, les arbres et les élémentaux.

Nous apprenons désormais à ne plus exclure quiconque. Nous commençons à oublier de dire « non » et à nous souvenir de dire «oui».

Chaque pensée, chaque image, chaque possibilité à laquelle nous pouvons penser, tout devient une vibration joyeuse qui imprègne et unit tout en même temps. Alors nous réalisons que Tout est Un et que Tout ce qui est, est Un.

CHAPITRE 9
LES BÉBÉS ET LES ENFANTS

Préparation pour accueillir une âme

La communauté entière décidait si un enfant/une âme d'enfant pouvait intégrer cette société. Il fallait que le choix soit unanime pour accepter cet être. L'âme de l'enfant demandait à faire partie de cette société et le conseil se réunissait pour convenir d'accepter ou non cette âme. Ainsi, la naissance d'un enfant était une cocréation consciente des parents, de l'enfant et de la communauté dans son ensemble.

Une fois qu'il était décidé qui seraient les parents et l'enfant, une cérémonie était organisée pour créer l'enfant. Lors de la création de l'enfant, toutes les personnes impliquées se connectaient à l'âme de l'enfant, ce nouvel être dont l'essence était lumière. Les fréquences des énergies masculines et féminines s'harmonisaient avec celle de l'enfant. L'enfant savait où il allait et la communauté savait qui venait.

Le couple qui décidait de donner naissance à une nouvelle vie passait beaucoup de temps dans le temple pour se préparer à être les véhicules pour créer cette nouvelle vie. C'était un engagement très sérieux et ils passaient beaucoup de temps à se réaligner avec la pureté et l'innocence. Ils devaient être un vaisseau très pur pour apporter une nouvelle âme. Les parents passaient beaucoup de temps à se connecter à l'Amour, à examiner leur motivation et leur intention, à s'aligner avec l'Amour et à se vider de leur ego afin de pouvoir être un réceptacle pur pour le nouvel être vivant.

Au début, l'énergie féminine, masculine et celle de l'enfant mélangeaient entre-elles leurs essences sous forme de lumière, avant de commencer à créer le véhicule physique nécessaire à l'incarnation de l'enfant, en s'assurant que la combinaison était adaptée. Tout au long de ce processus, un groupe de personnes se concentrait sur le point central du cercle pour soutenir la combinaison unique des individus impliqués. De plus, pour déterminer si les parents et les enfants allaient être en harmonie vibratoire, certains surveillaient le processus. Ils voyaient les couleurs dans les champs d'énergie des trois entités et observaient ce qui se passait lorsqu'ils se réunissaient. Si leurs fréquences énergétiques ne concordaient pas, la naissance n'avait pas lieu.

Création d'une âme

Si les fréquences concordaient, l'enfant était créé dans la conscience de l'unité avec les parents ne faisant qu'un. Pour créer l'enfant, les individus masculin et féminin se réunissaient et joignaient leurs énergies au niveau des chakras couronne, du cœur et sacré. Ils utilisaient le son pour faire naître l'enfant. Le couple se donnait la main pour créer un flux d'énergie entre leurs cœurs. Ils concentraient consciemment l'énergie d'Amour pour créer l'enfant. Ils utilisaient le souffle pour construire l'énergie, s'insufflant de l'amour l'un l'autre et créant l'enfant entre eux. Les parents connectaient tous leurs chakras et fusionnaient leurs corps de lumière. Les deux matrices de l'homme et de la femme se déplaçaient l'une dans l'autre et à partir de cette fusion, une géométrie totalement nouvelle se formait. Une matrice se déplaçait à travers l'autre, fusionnant et créant une nouvelle matrice, une nouvelle géométrie.

L'enfant était créé en densifiant la lumière liquide; la densification se faisait en concordance avec les géométries individuelles, si bien que la nouvelle formée était une synthèse à la fois de l'homme et de la femme. Ils étaient cocréateurs et la densification du nouvel être s'harmonisait avec la géométrie créée dans l'union fusionnelle.

Il y avait des subtilités diverses dans les géométries des différents individus. Certains possédaient des géométries simples et d'autres de plus complexes. Par exemple, les enseignants avaient des géométries différentes de celles des élèves. Il n'y avait aucun jugement là-dedans ; c'était juste lié à la quantité d'informations détenues. Les champs de chacun avaient des couleurs différentes et quand nous regardions de plus près, nous voyions les différences de géométrie qui se manifestaient comme la base dorée des Êtres. Bien sûr, la complexité de la géométrie et la répartition des couleurs différaient.

Beaucoup étaient impliqués dans le processus créatif de porter un enfant. Au début ce n'était pas une grossesse telle que nous la connaissons où la femme porte physiquement l'enfant. Il s'agissait plutôt de soutenir l'enfant énergétiquement au fur et à mesure de son développement. C'était un moment où les qualités de l'enfant étaient infusées ou téléchargées. Il était maintenu dans un espace sacré entre deux personnes. Les deux parents s'unissaient pour ne faire qu'un avec l'enfant maintenu au centre d'eux deux. Chacun nourrissait l'enfant de qualités masculines ou féminines, chacun étant responsable d'un rôle particulier dans la cocréation de l'enfant.

Pendant la période de création de l'enfant, les parents ne faisaient rien d'autre. Ils n'étaient pas distraits par d'autres aspects de la vie. C'était comme s'ils allaient dans un endroit spécial parce que c'était leur mission: être des cocréateurs conscients des technologies, des vertus et des qualités que ce nouvel être incarnait.

Ils devaient être totalement présents pour cet enfant. Les parents étaient soutenus par un groupe de personnes les entourant, leur donnant de l'énergie. Les membres du cercle de naissance se relayaient, mais les parents restaient dans un état d'union sacrée pendant toute la durée de la création de cet enfant, ce qui prenait l'équivalent de nombreux mois à notre époque.

La naissance

Pendant ce temps, les deux parents continuaient à connecter leurs chakras et à concentrer l'énergie à travers leurs cœurs. L'énergie du cœur continuait à s'expanser pour créer un espace permettant à l'enfant de se développer. Il recevait de l'amour jusqu'à ce que l'espace ne puisse plus le contenir. Ce n'était pas une naissance telle que nous la connaissons. Cela ressemblait plus à un cocon se développant dans l'espace du cœur entre deux personnes. Au fur et à mesure que le cœur croissait, le cocon d'énergie s'ouvrait et l'enfant naissait. Le cocon ne pouvait plus le contenir parce que son être, son existence, était si nourrie d'amour que l'enfant en sortait.

Après la naissance

Après la naissance, l'équipe accueillait l'enfant en le mettant dans un bain cérémoniel d'eau sacrée. Les parents étaient préparés à recevoir leur enfant lors d'une cérémonie et ce rituel aidait l'enfant à intégrer doucement son corps afin que l'âme ne soit pas choquée. Il était entouré de chaleur, de toucher, de maintien, de chant, de soins, de joie, de gentillesse et de douceur avec une grande quantité d'énergie du coeur. Chaque enfant était accueilli ainsi. C'était si différent de la façon dont les bébés naissent désormais dans des hôpitaux, dans des salles aux lumières vives.

Une fois l'enfant né, un groupe d'aides chantait pour l'enfant et le tenait continuellement pendant que les parents se reposaient et se rétablissaient ou faisaient autre chose, sachant que l'enfant était bien pris en charge. Des personnes se relayaient pour bercer, tenir, aimer et nourrir le bébé. Le petit était davantage nourri avec de l'énergie qu'avec de la nourriture physique. L'équipe soignante tenait l'enfant contre son cœur et l'enfant était imprégné de douceur et des couleurs spécifiques du soignant.

Tout le monde jouait un rôle dans ce processus, mais pas seulement pour la naissance. La communauté entière et plus particulièrement l'équipe de naissance et les parents étaient impliqués dans le processus d'invitation de l'âme de l'enfant à s'incarner, en aidant à faire grandir son corps et à l'intégrer à la communauté.

Au commencement de la Lémurie, lorsque nous étions plus éthérés, tout était vibration et couleur. Lorsqu'un nouvel être naissait, il était transporté dans toutes les différentes zones et fréquences particulières des différents individus. Chaque zone était d'une couleur différente, la nouvelle âme était donc amenée et séjournait dans chacune d'elles. L'enfant recevait autant de cette couleur/ces couleurs, de la personne ou du groupe, qu'il en avait besoin. Avec le temps, la couleur de l'enfant devenait évidente et il était désigné pour servir dans ce domaine.

Ce type d'Amour a été oublié de nos jours. En Lémurie, en tant que membre de la communauté, chaque enfant était reçu de la même manière aimante, ce qui aidait l'enfant à se souvenir de l'importance de l'Amour. Ils ne cherchaient pas à accélérer les choses, pour vite pouvoir passer au suivant comme le font les parents aujourd'hui.

Donner naissance était une mission et représentait beaucoup de travail, mais elle était effectuée dans l'amour, la joie et la révérence.

Puisque l'enfant devenait un membre de la communauté, c'était cette dernière toute entière qui décidait de le recevoir, même si c'étaient les parents qui le mettaient au monde. Il n'y avait pas de « possession » de l'enfant contrairement à aujourd'hui où nous appartenons à certains parents et familles. L'enjeu était plus collectif et universel qu'individuel, il concernait davantage la communauté. Même pour les parents, il ne s'agissait pas d'un intérêt personnel. C'était un privilège spécial de faire naître un enfant ou une entité particulière, mais cela ne signifiait pas que l'enfant leur "appartenait". Ils avaient peut-être un rôle particulier à jouer pour superviser le développement de ce petit être particulier, mais c'était un effort communautaire et tout le monde était traité avec le même soin.

CHAPITRE 10
L'ÉDUCATION ET LE DÉVELOPPEMENT DE L'ENFANT

On enseignait aux enfants comment rester connectés à la lumière. Ils avaient des séances d'entraînement pour canaliser la lumière. Les enfants étaient nés de la lumière et y restaient jusqu'à ce qu'ils grandissent. Ensuite, ils avaient besoin de séances régulières de méditation afin de siéger dans la lumière. Ils se rendaient au Grand Temple et s'asseyaient dans les couleurs de la lumière, de la lumière dorée et des piliers de lumière. Ils s'imprégnaient de lumière en y demeurant assis, la connaissant, étant lumière. La lumière descendait du soleil à travers la flèche et le toit de cristal du temple.

Les enfants apprenaient à travailler avec leurs ressources intérieures, à les découvrir, à les utiliser et à les développer. On enseignait à tous les enfants qu'ils faisaient partie de la lumière ainsi qu'à utiliser leur cœur pour prendre des décisions et à les vérifier en fonction de leurs ressentis. Ils apprenaient à travailler avec les énergies et à prendre soin d'eux-mêmes. Au fur et à mesure de leur développement, on leur apprenait à contrôler leurs pensées et leurs émotions pour ressentir tout ce dont ils avaient besoin de faire l'expérience et à se transformer avec Amour.

Avant La Chute, il n'y avait pas de souffrance. Les enfants apprenaient à rester en harmonie, à travailler avec les couleurs de chaque chakra et à travailler avec leur puissance et leur intuition. Tout cela était enseigné et reconnu comme faisant partie des capacités innées de chaque individu. Ils apprenaient les couleurs correspondantes à chaque chakra et apprenaient à utiliser ces couleurs et l'énergie liée à chacune. Les enfants apprenaient à valider leurs choix intérieurement, à ressentir l'endroit de leur corps où se manifestait une sensation et à vivre leur vie dans l'Amour.

On leur montrait comment s'élever, se réconforter et prendre soin d'eux-mêmes en restant connectés à la Source.

Les aptitudes de certains enfants étaient connues à l'avance ; pour les autres, lorsque leurs dons apparaissaient, ils étaient placés avec les membres de la communauté qui pouvaient les nourrir et développer leurs capacités ou centres d'intérêt particuliers. La scolarité était faite par divers enseignants sur des sujets variés. À un certain âge, les enfants étudiaient avec un groupe, puis à un autre âge avec un autre groupe. Ils n'allaient pas à l'école comme on le fait dans notre société actuelle. Les enfants se déplaçaient de groupe en groupe. Le premier groupe concernait le programme pour le développement du bébé, et après cela, ils allaient dans chaque section de la communauté. En grandissant, les enfants commençaient à se spécialiser dans leur domaine d'expertise propre. C'était similaire à ce que nous faisons ici, mais davantage organisé par groupe, comme dans les écoles Waldorf. Ils apprenaient les bases élémentaires de chaque spécialité avec le groupe avec lequel ils évoluaient, mais l'accent était toujours mis sur la communauté et l'Amour.

Les enfants vivaient dans la zone de la communauté où ils étaient scolarisés à ce moment; chaque endroit possédait tout ce dont ils avaient besoin. Ils avaient le sentiment d'appartenir à la communauté, un but et une direction. Tous leurs besoins étaient satisfaits et ils étaient estimés en tant que membre à part entière de la société. À mesure que l'enfant évoluait dans les différents secteurs, sa couleur devenait indéniable et il était guidé vers les activités de ce domaine. Certains travaillaient avec les énergies, certains avec les sons et d'autres créaient les formes. Chacun avait sa place. Chaque secteur avait une couleur prédominante. Les guérisseurs avaient tendance à travailler avec le rayon violet; les gens qui manipulaient les énergies avec le bleu. Chaque enfant recevait toutes les couleurs mais chacun possédait une résonance majeure, celle de sa couleur intrinsèque. Les enseignants savaient alors que c'était le domaine dans lequel l'enfant avait besoin de recevoir plus d'activations.

Chaque groupe avait sa couleur propre. Certaines de ses missions étaient de travailler avec les enfants, pour les guider à travers une série d'activations pour voir où leurs capacités affluaient le plus facilement. Certains membres des différents groupes effectuaient le travail de la spécialité tandis que d'autres enseignaient cette spécialité dans les temples. Ceci concerne la période où nous étions dans des corps plus subtils et où nos bâtiments étaient plus éthérés. Par la suite, nous fîmes de même, mais dans des halls et des structures en marbre.

Les enfants progressaient ensemble en groupe - le groupe avec lequel ils étaient arrivés. Les enfants venaient par vagues. Il y avait un groupe d'enfants naissant en même temps, comme un groupe d'âmes. Ce groupe restait ensemble et traversait toujours ensemble les différents secteurs, tels que le jardinage, la technologie ou la guérison. Ils recevaient les divers enseignements de chaque domaine, toujours avec amour, délicatesse et encouragement. Il n'y avait aucun jugement, pas de distinction entre la réussite et l'échec. Personne n'était jugé ou noté. On constatait seulement si une spécialité semblait plus facile ou difficile, afin de diriger l'enfant vers le niveau suivant de cette spécialité.

Il y avait plusieurs niveaux dans chaque domaine d'expertise. Tout le monde recevait une formation de base. Par exemple, dans le domaine végétal, on montrait à chacun la dynamique des flux d'énergie, les vibrations nécessaires à toutes les plantes. Il y avait un réseau élémentaire qui soutenait toutes les plantes. Puis, à mesure que la plante se développait, certaines couches de ce réseau devenaient plus adaptées aux besoins spécifiques des divers végétaux. Tous les enfants recevaient un enseignement minimal du fonctionnement de l'énergie vitale des plantes, puis ceux qui montraient plus d'aptitudes pour ce travail recevaient des connaissances plus poussées, plus précises et plus spécialisées dans ce domaine, tandis que les autres passaient au secteur suivant.

Personne ne se sentait jamais être moins que quelqu'un d'autre. Il n'y avait aucune sorte de hiérarchie. Tous étaient encouragés à découvrir les domaines qui touchaient leur cœur, les mettaient en joie et dans lesquels ils déployaient leur amour; les domaines où exercer leurs dons pour être le plus utile possible et servir au mieux la communauté. Tout le monde était heureux de se rendre utile. Nous savions tous que nous étions ici pour servir et qu'en aidant les autres, nous aidions l'Un et nous-mêmes.

Lorsque nous trouvions le moyen le plus naturel pour nous de servir le groupe, nous étions ravis. C'était une expression de notre lumière, de notre couleur et de notre essence fondamentale au service de toute la communauté. Nous étions joyeux, souriants, rieurs et joueurs. Le travail n'était pas un fardeau et nous n'avions pas le sentiment de «travailler» parce que nous nous sentions si connectés et soutenus.

Une grande partie des enseignements se faisait par transmission directe de codes de l'enseignant aux élèves. Nous absorbions l'énergie ou l'activation en nous déplaçant dans le champ énergétique de la personne transmettant une certaine couleur ou fréquence. Certaines personnes surveillaient le champ énergétique des étudiants pour lire leurs énergies et leurs couleurs afin de découvrir leurs dons. Cela leur montrait quels codes de couleur l'élève serait capable de transmettre le plus puissamment.

Le violet profond dans le champ énergétique était le concept le plus élevé, comprenant l'Amour et l'Unité. Le violet améthyste représentait la compassion. Le rose était la connexion avec les plans angéliques, étant très étroitement associé à l'énergie violette. La couleur or représentait la joie, l'amusement et le mouvement dans le corps, comme la danse, ainsi que l'assimilation et l'absorption. Elle symbolisait aussi l'interaction entre différents êtres par une danse joyeuse, travaillant avec les énergies les uns des autres comme mode de communication.

Le vert, telle une émeraude claire, signifiait une connexion au règne végétal.

Les gens étaient examinés en permanence pour pouvoir conserver l'harmonie. Tous avaient un don, la couleur avec laquelle ils étaient les plus influents, mais ils devaient aussi rester en équilibre avec toutes les autres couleurs. Les étudiants allaient voir des personnes qui leur enseignaient leurs points forts et des personnes qui surveillaient leur équilibre général. Ils devaient avoir toutes les couleurs représentées d'une manière harmonieuse pour pouvoir enseigner ou rendre service dans la Complétude.

C'était un processus d''individuation au sein de la Complétude, et tous y contribuaient par leurs aptitudes. On surveillait les dons des enfants dès leur plus jeune âge, mais pas de manière sévère. À un moment donné, ils étaient initiés pour pouvoir enseigner ce qu'étaient leurs points forts. Il s'agissait d'une activation ou d'une consolidation officielle de leur connexion avec une archive particulière.

L'archive contenait la Complétude, ainsi les gens y restaient pleinement connectés même s'ils n'en enseignaient qu'une partie. Ce n'était pas comme c'est le cas aujourd'hui dans la science où chacun a son propre domaine. La conscience du tout et de ses facettes était toujours présente, ainsi que la compréhension d'être tout dans le tout.

Tout le monde recevait les fondements du concept de Complétude afin de comprendre la section pour laquelle ils étaient formés et ce que cela représentait dans l'ensemble du réseau complexe. Une connaissance élémentaire de la Complétude du réseau était dispensée, ainsi que l'activation et la consolidation de leurs dons personnels.

Les enfants étaient nés avec la matrice de la Complétude et toutes les couleurs. Ils avaient besoin de s'épanouir tranquillement et de manière ludique.

Ils n'avaient pas besoin d'être formés à la Complétude parce qu'elle était déjà en eux. L'éclosion n'était pas automatique, il fallait donc une certaine fréquence pour permettre aux enfants de s'ouvrir à leur Complétude. En se déplaçant dans les bulles énergétiques des autres, leurs fréquences propres étaient activées. Leur matrice élémentaire de Complétude s'ouvrait doucement et automatiquement en entendant l'harmonie et en rencontrant d'autres personnes avec leur code de couleur spécifique.

Au fil du temps, à mesure que les énergies s'enfonçaient dans la densité, la matrice ne pouvait plus être ouverte et la matrice élémentaire du Tout devint inaccessible. Les fréquences baissèrent et les gens cessèrent de rayonner la complétude dans leurs bulles de couleur. Ce fut l'époque de La Chute.

Après La Chute, les enfants n'étaient plus conscients de l'Unité. On peut privilégier l'importance des connaissances et les injecter dans un système, mais si le receveur n'est pas connecté à la Complétude, il en résultera une connaissance fragmentée, comme dans nos sciences actuelles. Nous ne travaillons plus à partir du champ de conscience du Tout. Personne n'est à blâmer; le champ n'est tout simplement plus accessible.

CHAPITRE 11
CONSEILS ET PRISES DE DÉCISIONS

Les décisions qui affectaient l'ensemble du groupe étaient prises par un conseil, qui siégeait autour d'une table dans le Grand Temple. Le conseil était composé de représentants de chaque domaine de la société: de la guérison, du jardinage, des cours d'eau, de la technologie, des animaux et du fonctionnement du temple. Le conseil se réunissait à chaque fois que c'était nécessaire. Il y avait des sessions régulières, mais il avait été convenu que n'importe qui pouvait convoquer l'assemblée si besoin. La réunion se tenait jusqu'à ce que la question soit résolue et débouche sur une résolution paisible et plaisante, correspondant au meilleur pour tous. Les membres du conseil conservaient toujours leur ligne directrice, à savoir l'Amour. Il n'était pas question de s'en détourner, ils n'envisageaient même pas de s'en écarter. Cette société avait un fonctionnement parfait.

Chaque réunion commençait par une prière, toujours identique. Ils demandaient à rester centrés sur l'Amour, la communauté et la coopération. Il n'y avait pas de chef en tant que tel car chaque membre représentait une section de la société. Un temps de parole était donné à chaque représentant de chaque domaine. La personne qui avait convoqué l'assemblée commençait par faire état du défi que rencontrait son secteur et/ou du besoin de voir la situation sous un nouvel angle. Ils demandaient la contribution de tous les autres groupes. Ainsi, tous étaient informés de ce qui avait cours dans les autres secteurs de la communauté et éclairés de vérité.

Des médiateurs siégeaient aussi dans ces assemblées, qu'elles concernent la communauté dans son ensemble ou des domaines de spécialités particuliers. Ils permettaient de maintenir la ligne directrice visant le plus grand bien de tous et s'assuraient que les suggestions ou solutions étaient en harmonie avec le concept et projet global de l'Amour et de la Complétude pour la société entière. Il n'y avait pas de luttes de pouvoir ou de groupes antagonistes cherchant à imposer une décision les favorisant, il n'y avait que la conscience du bien de l'Ensemble.

CHAPITRE 12
LES JARDINS

Les premiers jardins furent créés par le biais des pensées. Il n'y avait pas de terre et tout était créé par la pensée à partir de l'éther. Les formes changeaient continuellement en fonction de ce que nous souhaitions voir. Même si nous étions ailleurs que dans le jardin, nous pouvions créer ce que nous voulions et cela apparaissait avant que nous nous y rendions ; nous pouvions ensuite le modifier si nous désirions modifier autre chose. Les jardins étaient utilisés pour guérir et dynamiser les individus. À cette époque, personne n'était jamais malade puisque nous baignions constamment dans cette énergie. Si nous souhaitions quelque chose, nous pouvions le créer autour de nous, que ce soit un arc-en-ciel, des fleurs, une cascade de couleurs, de magnifiques oiseaux ou des lumières colorées. Nous avions juste à l'imaginer et cela se manifestait juste devant nos yeux.

Au début, tout était lumière liquide, y compris nous et la nourriture. Nous créions les fruits et les végétaux dans notre esprit et remplacions ceux que nous avions récoltés simplement au moyen de notre intention. Nous apportâmes les graines d'autres dimensions. Dans les premiers temps de la Lémurie, il y avait des jardins et des plantes partout. La cité entière était un jardin. Il y avait des jardins et des cours d'eau partout autour de nous ; c'était un chef d'œuvre.

Par la suite, en nous densifiant davantage, les plantes devinrent plus tangibles, comme les fruits et végétaux actuels ; ils devinrent plus verts comme nos végétaux et légumes-feuilles. Cela créait une grande différence entre la manifestation physique et la matrice originelle de Complétude, il y avait davantage de risques de distorsion. À mesure que la fréquence diminuait, il était de plus en plus difficile de conserver la mémoire de la matrice fondamentale de Complétude.

Plus tard, lorsque nous étions dans des corps physiques, nous possédions des jardins très luxuriants composés de plantes tropicales et d'immenses fleurs aux couleurs vives.

Création au Temple Lémurien sur le site de l'Abbaye de Glastonbury – Angleterre

Les ruines actuelles de l'abbaye de Glastonbury en Angleterre étaient autrefois l'emplacement d'un gigantesque temple à ciel ouvert avec des colonnes grecques, un sol splendide et de magnifiques motifs. C'était le lieu où nous matérialisions les objets, avec quatre archanges se tenant aux quatre coins du temple. Au milieu se trouvait un grand autel central de quartz transparent autour duquel douze jeunes Lémuriennes, pures de cœur et de forme, se tenaient assises en se donnant la main. En regardant l'autel, elles matérialisaient un objet dans les airs, juste au-dessus du quartz. L'objet en forme d'œuf était liquide, comme la lumière brillante en mouvement teintée de scintillants reflets argentés métalliques. Il y avait une couleur et une forme autour. Elles respiraient à l'unisson et commencèrent à apercevoir une jacinthe émerger, comme si elle naissait de l'objet en forme d'œuf; des racines, des feuilles, des pousses et des fleurs apparurent. C'était leur intention, créée par leurs pensées, qui manifesta la jacinthe.

Par l'esprit, elles recevaient le schéma directeur des devas et des archanges. Chacune des douze jeunes filles canalisait un aspect différent : des codes sonores, de lumière et des géométries. Une obtenait le motif et le partageait aux autres par télépathie. Puis, les douze projetaient l'image dans l'œuf et l'objet se manifestait. L'œuf était lumineux, translucide et liquide ; il était simultanément dans et hors de ce monde. C'était un portail.

D'autres opéraient à partir de la conscience des rochers et de la terre et activaient l'énergie des pierres terrestres.

Le son, combiné à l'intention, était utilisé pour cette activation. Les gens travaillaient en équipe et s'harmonisaient avec les plantes pour les aider à croître. Nous utilisions des tonalités différentes dans les divers lieux en fonction des conditions extérieures, par exemple pendant les orages ou les phases lunaires pour diriger les énergies. Nous travaillions en cocréation avec les plantes, les étoiles et les cycles de la Terre. Nous avions des équipes qui détenaient la connaissance relative à la position et aux cycles des planètes, ainsi que les tonalités appropriées.

Le rôle du service dans notre communauté

Les habitants pouvaient choisir s'ils voulaient offrir leurs services à la communauté dans les domaines liés à la culture des plantes, à savoir l'arrosage, le désherbage, la plantation ou la récolte. Il y avait suffisamment de choses à faire pour tous, ainsi chacun était libre de faire ce qui l'attirait le plus. Les jardins entouraient la ville, et les bâtiments entouraient les grandes cours intérieures centrales, le tout interconnecté par les lignes de communication entre les différents secteurs d'activités, les jardins...

Nous faisions pousser toutes sortes de légumes, dont les choux, les carottes et les tomates, ainsi que des fleurs et des vergers aux nombreux fruits variés. Nous avions aussi des animaux – des vaches, des poules, des chèvres et des moutons. Nous ne mangions pas les animaux, nous nous servions de leurs produits tels que les œufs, le lait et la laine. Chaque espèce animale avait un rôle qu'elle connaissait, par exemple les chèvres offraient leur laine pour nos habits. Les animaux avaient une mission sacrée et étaient considérés comme sacrés, comme les humains. Ils n'étaient pas moins bien traités que les humains. Ils étaient inclus dans cette conception sacrée de la vie que tous partageaient.

Les animaux étaient considérés comme une partie de la grande image, de la création, du grand ensemble où tout fonctionnait en harmonie. Nous aidions les plantes à pousser grâce à l'amour. Les personnes en charge de ce rôle s'asseyaient au milieu des divers végétaux. Les jardiniers s'asseyaient avec certaines plantes, comme si c'étaient des bébés et leur transmettaient des vibrations d'amour. Chacun était libre de choisir sa manière propre d'exprimer cette vibration. Il pouvait s'agir de tonalités, de chants, de prières ou de projections de couleurs.

Le but de chaque membre de la société était de rendre service. Chacun choisissait ce qu'il souhaitait faire ou ce sur quoi il souhaitait se concentrer. Certains choisissaient par exemple d'entrer en communion avec les tomates pendant plusieurs heures. Tout le monde se relayait, ainsi cela donnait l'impression qu'une musique était constamment diffusée dans les racines, le sol et les végétaux. La plante était maintenue dans la vibration d'Amour, quelle que soit la manière unique offerte par chacun.

Les plages horaires étaient courtes, si bien que le travail ne représentait jamais un fardeau. Rien ne manquait jamais à personne, l'argent était inutile. Il y avait suffisamment pour partager entre tous. N'importe qui pouvait venir et s'occuper des légumes, les ramasser, les distribuer ou les cuisiner. Chacun avait une mission qui allait de la plantation des graines à la récolte. Il s'agissait d'un travail totalement harmonieux, indépendant de tous les autres secteurs de la cité, mais contribuant au bien de tous. Au sein de la communauté de jardiniers, certains s'occupaient du sol, d'autres plantaient les graines. Des roulements s'instauraient pour prier, chanter, désherber, arroser ou distribuer. Si nous voulions creuser la terre, le sol bougeait de lui-même et un trou apparaissait. Nos besoins ou demandes se transmettaient télépathiquement et le sol y répondait. Tout fonctionnait ainsi. Nous avions de nombreux arbres fruitiers. Nous chantions pour eux, faisions vibrer des bols de cristal pour eux, dansions autour d'eux, les entourions de lumière et communiquions avec eux par télépathie. Nous leur disions combien ils étaient beaux et combien nous appréciions les cadeaux qu'ils nous offraient. Il n'y avait pas de maladies.

Les fruits étaient tous parfaits. Nous les ramassions et les partagions entre tous.

Les potagers avaient des formes variées – rectangle, carré et toute forme géométrique. Ils étaient expressément élaborés ainsi. Chaque forme utilisée, tel le diamant, l'hexagone, l'octogone ou le cercle, appartenait à un grand motif s'adaptant à l'harmonie de l'ensemble. Nous utilisions les mêmes motifs géométriques que pour les réseaux sous-tendant la cité, les champs et les cours d'eau. Ils maintenaient toute chose vivante et dynamique, le travail physique n'était donc pas nécessaire. Tout regorgeait tellement de vitalité et de lumière que lorsque quelqu'un avait besoin de travailler avec le sol, ce dernier coopérait simplement – les nombreuses particules de lumière contenues dans le sol facilitaient ce travail commun.

Les paiements ou la monnaie n'existaient pas. L'argent n'était pas nécessaire ; nous étions si enjoués de nous mettre au service de la communauté que nous proposions « Oh, puis-je faire cela ? » Nous étions honorés de rendre service. Nous passions du temps dans les champs si c'était la mission choisie. Nous entrions en méditation et nous connections télépathiquement à tous les êtres vivants. Nous soutenions la vision de perfection en toute chose.

CHAPITRE 13
LES SOINS

Les soins constituaient un aspect de la formation commune à tous. Ils se transmettaient de personne à personne. Tous les enfants apprenaient qu'ils possédaient naturellement des capacités de guérison en tant qu'être vivant. On leur enseignait les façons de capter la lumière dorée, de la concentrer dans leurs mains et de travailler avec. On leur dispensait aussi de nombreuses techniques utiles. Ils apprenaient à utiliser leur intuition et leur ressenti, ainsi qu'à utiliser la lumière comme un rayon laser pour certaines procédures et opérations médicales. La lumière était considérée avec un profond respect et les individus apprenaient à ne jamais en abuser et à ne l'utiliser que pour le bien de tous.

La métamorphose

Les habitants, particulièrement aux premiers temps de la Lémurie quand leur corps était plus subtil, avaient la capacité de changer de forme. Cette aptitude était liée aux niveaux de conscience et d'adaptation et pouvait être utilisée dans divers cas: le voyage, le rêve, le déplacement inter-dimensionnel... Tout ne formait qu'un et un tout. La capacité de métamorphose permettait aux individus de se remémorer leur identité, particulièrement à mesure que les gens vieillissaient et se densifiaient. Les guérisseurs rendaient visite aux patients pendant leur sommeil pour aider à leur guérison. Ils pouvaient pénétrer dans les rêves des gens qui oubliaient leur nature profonde sous forme d'anges ou de proches parents oubliés, telle que leurs mères. Dans le rêve, le guérisseur aidait cette personne à rétablir le cœur, à se souvenir de l'Amour et de la connaissance qu'ils étaient Amour.

Les gens devenaient malades parce qu'ils oubliaient qu'ils étaient Amour et aimés. Cela eut lieu après la Chute, lorsque nous étions sortis de la Complétude. Avant la Chute, les maladies n'existaient pas et les soins ne servaient qu'à maintenir les gens dans l'harmonie. Après la Chute, des maladies et tumeurs firent leur apparition. Certains guérisseurs se souvinrent de leur art et l'enseignèrent aux autres.

Techniques de soins

Les cristaux

Les guérisseurs avaient de nombreux outils à leur disposition et tous les guérisseurs possédaient leur cristal personnel. Ils connaissaient toutes les propriétés des pierres et des cristaux et savaient lesquelles utiliser pour les maladies ou pour les activations de lumière. Les cristaux étaient considérés comme sacrés parce qu'ils détenaient des pouvoirs particuliers pouvant être activés; néanmoins ils ne pouvaient fonctionner que de concert avec la conscience du guérisseur et ne possédaient pas de pouvoirs en eux-mêmes ou par eux-mêmes.

La télépathie, l'intuition médicale et le son

La télépathie était utilisée comme moyen de partager les connaissances et les compétences avec les autres membres des équipes. Cette communication télépathique était utilisée pour aider un patient à diriger son attention sur un aspect particulier de son questionnement/besoin ou pour transmettre une vision de ce qu'il devrait être dans la Complétude. Certains guérisseurs étaient doués pour diagnostiquer l'endroit problématique, comme le font certains médecins intuitifs aujourd'hui, alors que d'autres avaient le don de guérir le problème en le réalignant dans la Complétude.

Certains guérisseurs étaient experts dans l'utilisation du son: les tonalités, les mélopées, les bols en cristal, les bols tibétains, les carillons, les chants.

Une panoplie d'outils

Tous les guérisseurs recevaient une panoplie de techniques élémentaires et apprenaient à utiliser leurs aptitudes innées. Ils étaient aussi en contact direct avec leurs guides et aides des plans supérieurs et leur demandaient ce dont ils avaient besoin. Les soins étaient enseignés comme un aspect normal et naturel de l'existence. Certains guérisseurs étaient plus aptes que d'autres et recevaient un enseignement complémentaire pour développer davantage leurs capacités et pour se spécialiser dans certains domaines. Les étudiants les plus expérimentés apprenaient à intégrer les dauphins dans leur travail, utilisant le langage de lumière dans l'ADN. Ils étaient formés à utiliser l'énergie de leur corde d'argent pour se connecter télépathiquement aux dauphins pour apporter connaissance, sagesse, Amour et joie en soutien de la guérison.

Les temples de guérison

Il existait des temples dédiés aux soins pour les individus, les plantes et/ou les animaux avec des chambres de différentes formes géométriques – des pyramides ou des sphères par exemple – qui accéléraient le processus de guérison. Il y avait aussi de nombreuses et diverses formes géométriques fixées aux murs, comme des pentagones, hexagones, octogones ou triangles. Les Énergies d'Amour et de Complétude affluaient des réseaux du Grand Temple et se répandaient dans toute la vie et dans tous les temples de guérisons. Cette énergie était alimentée et réalimentée en permanence. Elle se propageait par les murs et les sols de chaque chambre.

Différents groupes de guérisseurs œuvraient dans les temples de guérison. Ils recevaient tous une vaste formation relative aux différentes modalités thérapeutiques, tels que la lumière, le son, les bols en cristal, la voix, le toucher, les tonalités et les cristaux. Si une nouvelle information ou de nouvelles énergies de guérisons venaient à être téléchargées, les guérisseurs les recevaient à travers les champs d'énergie du réseau et la transmettaient à quiconque avait besoin de les recevoir.

Certains guérisseurs utilisaient des grilles de cristaux de différentes couleurs qui envoyaient des rayons de lumière colorée au patient. D'autres posaient des cristaux sur et autour de la personne nécessitant des soins et les guérisseurs, formant un cercle autour, envoyaient de la lumière à travers leurs mains pour activer les cristaux. Selon la nature du problème, les guérisseurs pouvaient toucher ou non le corps de la personne; ils pouvaient aussi travailler dans le champ aurique/éthérique.

Les guérisseurs travaillaient avec toutes les formes d'énergie en maintenant la vision que tout était perfection. Ils voyaient les individus déjà guéris, complets et parfaits. En premier lieu, l'équipe téléchargeait des archives le schéma de l'individu complet et guéri. Puis, elle maintenait l'intention de ramener cet être à sa Complétude originelle en accord avec le schéma. Les guérisseurs maintenaient la vision de cette perfection, puis chantaient, utilisaient les tonalités, visualisaient ou combinaient toute autre modalité thérapeutique. Leur formation leur enseignait à être capable de diagnostiquer ce qui n'était pas aligné et/ou contaminé de quelconque manière.

Les gens pouvaient se désaligner, tout particulièrement s'ils voyageaient en dehors de la cité ou de la planète, visitant des lieux de plus basses fréquences. Lorsqu'ils avaient besoin d'aide pour retrouver leur schéma de Complétude, ils se rendaient dans les chambres de soins d'alignement. Pour y accéder, ils entraient par une pergola ornée de fleurs splendides.

Une fois dans la chambre, la personne marchait à travers des colonnes de lumière colorée provenant des cristaux des murs et du toit. Il ou elle retirait de chaque couleur ce dont il ou elle avait besoin et retrouvait son équilibre parfait à la fin du processus. Si cela ne suffisait pas, les guérisseurs maintenaient la vision de Complétude et chantaient ou utilisaient les tonalités pour finaliser la Complétude de l'individu. Une des manières d'y parvenir était de chanter le nom de la personne ce qui soutenait le schéma d'Être parfait. Certaines tribus utilisent encore cette méthode de guérison pour permettre à un individu de se réaligner avec sa Vraie Nature.

CHAPITRE 14
LES CONNECTIONS AVEC D'AUTRES CIVILISATIONS

En tant que Lémuriens, nous possédions une technologie très avancée par rapport aux autres civilisations présentes sur Terre et nous souhaitions la partager pour les aider. Nous développions des technologies spécifiques pour aider davantage les civilisations primitives présentes sur Terre à cette époque. Les dispositions étaient décidées en conseil pour que les équipes spécialisées dans les soins ou les technologies puissent avancer. Le Conseil discutait des informations qui devaient être partagées puis les dispositions nécessaires étaient prises pour voyager en utilisant la télépathie. Nous ne connaissions pas de limitations pour voyager, nous nous imaginions juste où nous voulions nous rendre et nous nous y projetions. Nous avions le sentiment que partager notre technologie pour la mettre au service des autres faisait partie de notre mission supérieure. Nous le voyions comme une extension de notre service, semblable à ce qui se passe aujourd'hui avec des personnes vibrant sur les fréquences de la Terre Guérie et d'autres fonctionnant toujours sur les fréquences de l'Ancienne Terre. Ceux pour qui les codes de la Terre Guérie sont activés aident les autres à passer à ces nouvelles fréquences.

Les Lémuriens vibraient sur la fréquence de la perfection tandis que les autres groupes humains sur Terre étaient primitifs et bestiaux ; il s'agissait de ceux qui ont évolué à partir des grands singes. Les Lémuriens étaient connectés à la Source contrairement aux humains. Nous voyions que les hommes des cavernes cherchaient à évoluer et qu'ils étaient simples et semblables à des enfants.

Notre civilisation était bien plus avancée et, du fait de notre compassion et de notre désir de servir, nous nous déplacions dans nos capsules et leur apparaissions sous forme d'anges.

Au début, nous leur apparaissions sous forme d'esprit, mais à mesure que nous nous habituions à la plus faible densité, nous apparaissions sous forme d'être leur ressemblant davantage, qu'ils pouvaient comprendre et auxquels ils pouvaient s'identifier.

Nous avions aussi des interactions avec des êtres d'autres systèmes stellaires: Sirius, Venus, Orion, Andromède, Arcturus, les Pléiades et Alpha du Centaure. Nous nous rendions visite et partagions nos technologies, nos compétences, la logistique pour introduire la Complétude comme matrice sous-jacente et les manières de maintenir la connexion entre tout ce que nous bâtissions ou créions et cette matrice. Nous montrâmes aux autres comment l'énergie de la matrice originelle de Complétude circulait à travers tout ce que nous créions, accomplissions ou disions pour maintenir une structure complète et équilibrée.

Nous apportâmes cette information avec nous lorsque nous sommes venus des étoiles sur Terre et nous la développâmes pour en faire un système complexe qui maintenait l'équilibre au sein du vivant: bâtiments, individus, plantes et animaux. En tant que Lémuriens, nous avions la capacité à changer facilement de forme. Ainsi, si nous devions effectuer un long voyage à travers un circuit difficile, nous pouvions prendre la forme d'un oiseau. Si nous voulions traverser les océans ou voyager dans et hors des cités de cristal sous-marines, nous pouvions prendre la forme d'un dauphin. Nous concentrions simplement notre intention sur la forme que nous désirions prendre et la métamorphose s'opérait. Nous pouvions aussi prendre la forme nécessaire pour voyager entre les dimensions afin de nous connecter aux temples des plans éthérés. Nous pouvions rejoindre le Grand Temple Solaire du soleil sous forme d'aigle ou rendre visite à nos aides spirituelles sous la forme que nous souhaitions.

La Terre était alimentée par tous les différents systèmes stellaires. Des Êtres de ces différents systèmes étaient souvent présents sur Terre pour nous assister.

Chaque groupe possédait son propre type d'avancées technologiques. Il y avait par conséquent un échange d'informations conséquent avec les civilisations très évoluées. Certains êtres retournaient dans leur système stellaire après avoir partagé leur technologie, d'autres restaient pour la surveiller et la peaufiner.

Nous partagions avec nos frères interplanétaires les desseins de la connaissance universelle. Nous faisions partie d'une confrérie intergalactique qui partageait son savoir. C'est seulement lors des 2000 dernières années que cette connaissance ne fût plus accessible. Depuis le début, nous avions été alimentés par des informations provenant de nos frères galactiques.

Andromède

D'Andromède, nous recevions des informations sur les soins et la technologie. Ils possédaient une technologie capable de reconstituer un corps à partir d'une seule cellule. Pour toutes les questions émotionnelles, ils avaient des appareils qui détectaient automatiquement où la personne n'était plus en harmonie. Les machines émettaient alors une fréquence, un son ou une couleur pour restaurer l'équilibre. Il est difficile de décrire à quel point cela rendait les personnes puissantes. Nous apprîmes que lorsqu'un être était parfaitement aligné, il était Christique et détenait toute la puissance du Soi Christique. Les gens utilisaient cette technologie dans tous les domaines de leur existence. Les Andromédiens transportaient et transportent toujours cette technologie sur leurs vaisseaux pour partager ces soins.

Arcturus

De notre coopération avec les Arcturiens, nous apprîmes qu'ils étaient liés aux Elohims et qu'ils faisaient partie des bâtisseurs d'une équipe, formée avec les Pléiadiens, qui créa cette planète et le système solaire entier. Ils travaillèrent avec les Elohims pour créer la forme éthérique, puis avec les Pléiadiens pour créer la structure.

Sirius

Nous apprîmes que les êtres de Sirius avaient une profonde compréhension du travail avec l'énergie d'une fréquence spéciale, l'énergie de lumière bleutée/argentée/blanche de la Flamme de la Conscience Christique. Ils nous montrèrent comment ils créaient et diffusaient les fréquences de lumière pour les soins et l'éveil spirituel. Aujourd'hui, certaines de ces fréquences de lumière sont déposées dans les crop circles situés au-dessus du niveau de la mer et modifient la fréquence de notre planète. La spécialité des Sirusiens est d'ajuster l'univers pour restaurer l'harmonie quand d'autres factions peu harmonieuses bouleversent l'équilibre.

Venus

Les Vénusiens partagèrent leur compréhension profonde de l'énergie du cœur et nous montrèrent comment nous connecter à travers le cœur. Ils nous transmirent leurs connaissances sur la nature de l'Amour créant des liens affectifs avec toute chose et nous expliquèrent que c'était le ciment qui unissait toute la création. La douce énergie rose/lavande, qui sous-tend la fréquence de l'Amour et de la compassion, est l'énergie de la Mère Divine, l'Amour pur. Elle nourrit toute chose sur Terre.

Lorsque le matérialisme commença à s'installer petit à petit, ce fut comme un virus qui détruisit à terme l'énergie de Vénus/Déesse ; c'est pour cela que nous vivons aujourd'hui dans une société patriarcale. En revanche, avant la Chute, les Lémuriens communiquaient avec les êtres sur Vénus et recevaient un flot continu de l'énergie nourrissante de Bouddha/Amour, dont chacun pouvait s'abreuver pour créer ce qu'il souhaitait à n'importe quel moment. Cette énergie était constante, comme une rivière de vie qui coulait en chaque être. Ainsi nous ne connaissions ni le manque ni le besoin, parce ce que nous avions tout. Nous pouvions toujours obtenir ce que nous souhaitions, puisque nous possédions cet apport continu en énergie d'Amour et pouvions l'utiliser pour manifester tout ce que nous choisissions. Nous communiquions télépathiquement avec les Vénusiens, dont les plans étaient bien moins denses qu'ici.

Les Pléiades

Les Pléiadiens nous recevaient comme les grands frères, pères, mères et sœurs qu'ils étaient pour nous. Ils nous aidèrent à créer ce magnifique jardin. Nous sommes leurs enfants. Ils nous aiment tant ; c'est comme si toute cette énergie était juste en attente d'éclore sur la planète et de tout changer. Quand cela se produira, il y aura une transformation totale de la Terre. Ils attendent le moment parfait. Nous connaissons un tel élan à l'heure actuelle ; cependant, quand le temps sera venu, nous aurons tout ce dont nous avons besoin. Les Pléiadiens sont comme nos mentors, prêts à nous soutenir. Nous avons tous les dons nécessaires pour rendre notre planète aussi belle que la leur. Sur les Pléiades il y a tellement plus de ce qui est bon : une intention pure. Ils vivent en paix ; il y a donc plus de clarté et d'harmonie contrairement aux conflits que nous vivons ici. Désormais, un nombre suffisant d'entre nous est prêt et les Pléiadiens peuvent venir nous aider.

Les sociétés primitives

Aux temps de la Lémurie, il y avait en de nombreux lieux sur la planète des sociétés, des communautés, des cultures plus primitives et les deux allaient de pair. C'était comme si les Lémuriens provenaient d'une vie future et les autres ne suivaient pas ce modèle. Les peuples natifs vivaient à la sueur de leur front et le Lémuriens leur apportaient Amour, soins, culture et démonstrations d'harmonie, de paix et de coopération. Nous donnâmes l'idée aux hommes des cavernes de vivre en paix et de créer leurs propres technologies pour cultiver la terre de leur façon primitive. Nous les étudiions, évaluions leur niveau d'intelligence et donnions des informations d'un degré qu'ils pouvaient comprendre.

L'eau était le support que nous utilisions pour les contacts avec ces communautés satellites. À certains moments, une communauté était prête à recevoir un peu plus de connaissances. Nous nous y rendions, vêtus d'habits de l'époque. En tant qu'émissaires de Lumière, nous leur donnions au lieu de leur prendre. En général, nous utilisions l'eau pour transmettre l'énergie, mais lorsqu'ils étaient prêts pour le saut quantique, des enseignants en personne se joignaient à eux.

L'île de Pâques

Par exemple, nous voyagions dans les sociétés primitives parce que les peuples natifs à cette époque étaient guerriers, comme ceux de l'île de Pâques. Les statues géantes Moaï résultent de cette interaction. Afin de faire passer leur attention du conflit à la coopération, nous fîmes quelques démonstrations de puissance, en appelant les dieux par des prières et cérémonies. Nous attribuâmes les réalisations aux dieux plutôt qu'à nous et cela fonctionna.

Notre message « Rassemblez-vous et honorez ces Dieux » avait pour objectif de leur démontrer que ce pouvoir pourrait leur être donné s'ils construisaient des effigies des Dieux. Cet exemple de coopération pour honorer quelque chose de plus grand était une ruse pour soustraire leur attention à la douleur et à la souffrance sur laquelle ils se concentraient depuis si longtemps. L'idée était de détourner leur esprit des guerres qui avaient lieu depuis si longtemps.

Lors de nos manifestations auprès de ces simples gens, nous leur montrâmes que nous étions exactement comme eux, sauf que notre puissance venait de cette connexion avec les Dieux. Nous parvînmes à ce que les hommes cessent de se battre et travaillent ensemble pour construire ces gigantesques statues. En tant qu'enseignants lémuriens, nous savions déjà comment faire léviter les pierres, mais nous prétendîmes que c'étaient les Dieux qui les déplaçaient. L'extraction des pierres était faite avec des outils et une fois l'excavation faite, les émissaires lémuriens leur enseignèrent à déplacer les statues géantes en les faisant léviter.

Les Pyramides d'Égypte

Les pyramides furent créées de la même façon. Il y avait des prêtres qui possédaient la conscience de la Terre et «firent pousser» leurs maisons – rien n'était anguleux, tout était doux. Une façon de créer une maison était de former une coquille à partir de la terre. C'étaient des habitations simples, comme des maisons de hobbit, naturelle et capable de soutenir un jardin sur leur toit.

Le partage des techniques de soins

Les Lémuriens transmettaient leur énergie, comme une graine, aux peuples déjà présents sur Terre. En tant qu'êtres de lumière, ils offraient leur technologie aux êtres humains plus primitifs en leur montrant leur potentiel d'Êtres Divins semblables à Dieu. Ils possédaient la capacité innée de contenir cette énergie et nous leur enseignâmes comment l'utiliser. Nous leur montrâmes comment utiliser les cristaux, comment trouver les emplacements où les lois physiques se fondaient et se modifiaient et où le monde tridimensionnel se diluait en d'autres dimensions, en expériences multidimensionnelles et en autres mondes. Nous pouvions accéder à ce lieu et littéralement rendre les pierres plus légères que l'air, défiant les lois de la gravité. En imprégnant les rochers de la conscience de ces autres dimensions, nous prenions l'énergie de ces portails de cristal et les déplacions dans les airs. Nous donnâmes cette technique aux sociétés plus primitives et les aidâmes à imprégner les pierres de cette conscience. Nous créions un champ d'énergie autour de la pierre, qui la soulevait littéralement dans une autre dimension en dirigeant l'énergie des portails dans la roche. Nous étions alors capables de la transporter où nous souhaitions. Nous n'avons actuellement aucun point de référence pour cette technologie. Parfois, il était nécessaire que des groupes, et pas seulement des individus, unissent leur concentration pour générer suffisamment de puissance pour déplacer les pierres.

Nous apportions ici-bas le schéma directeur de l'esprit de Dieu et l'offrions à la pierre et, par le biais de notre conscience de Maîtres Lémuriens, la pierre était placée dans l'énergie du portail de cristal où les lois physiques différaient et où tout était possible. Nous étions capables de prendre l'énergie et tous les phénomènes étranges qui se produisaient dans le portail de cristal et de les transmuter aux objets physiques grâce à notre conscience, chose qui nous semble aujourd'hui impossible.

Les lois physiques ne s'appliquaient plus lorsque nous concentrions notre énergie, puisque nous venions d'un endroit où tout était possible. Nous possédons toujours cette connaissance dans nos codes ADN et, en l'activant, nous bâtirons le nouveau monde.

CHAPITRE 15
LES DAUPHINS

Les dauphins n'ont jamais oublié qui ils sont. Ils vivent dans la joie et détiennent les clés de la Complétude pour chaque personne qui peut les entendre. Nous pouvons nous connecter à eux par des tonalités, des visualisations ou en nageant avec eux. Les dauphins possèdent encore les codes de la Complétude car ils n'ont jamais perdu leur connexion avec la Source. Ils nous transmettent les codes, encodés dans leurs sons et énergie. Le fait d'être dans l'eau avec eux et de recevoir leurs transmissions pénètre notre corps énergétique et nous aide à nous souvenir de qui nous sommes. Les codes sont transmis en langage de lumière que nous devons alors décoder à notre manière pour apporter la Lumière dans le monde. Se connecter aux dauphins touche nos cœurs et nos âmes et nous aide à nous rappeler la joie et la Complétude. Lorsque les codes proviennent de la source en langage de lumière, les dauphins viennent en tournant avec eux, faisant des spirales pour aider à transmettre les codes.

En Lémurie, nous pouvions être des dauphins ou des personnes. Nous transformant à volonté, nous choisissions la forme que nous désirions. Nous avions la même conscience et vivions dans la joie et la Complétude. Les dauphins vinrent avec nous de Sirius, où nous œuvrions tous ensemble dans le temple de la Flamme Éternelle, la flamme du Christ Cosmique. C'est l'énergie qui élève la Terre à l'heure actuelle vers sa nouvelle forme. Nous décidâmes tous de venir ensemble sur Terre dans nos capsules de lumières, en utilisant une merkabah (corps léger) comme vaisseau de lumière.

Les dauphins choisirent de venir avec nous pour prendre forme dans un corps physique. Ils vinrent pour nous aider à conserver notre connexion avec la Source et nous remémorer qui nous sommes. Lorsque nous sombrâmes dans une densité plus profonde, nous perdîmes notre connexion avec la Source. Les dauphins, eux, ne l'ont jamais perdue, ils acceptèrent donc de venir avec nous pour nous «

guider » et nous aider si nous nous égarions ou faisions fausse route. Ils maintiendraient le chemin directeur de la Complétude si nous en venions à oublier qui nous étions.

La Matrice de la Complétude.

C'est exactement ce qui se produisit. Nous nous perdîmes en chemin et les dauphins ont maintenu pour nous la matrice de notre Complétude. Ils se connectent actuellement avec nous individuellement et en tant que race, en nous aidant à nous rappeler notre Divinité. Chacun d'entre nous possède son propre cocon/famille qui voyagea avec nous de Sirius ; se connecter à ce cocon permet d'activer le schéma directeur de notre Complétude. Nous pouvons le faire en écoutant les sons des dauphins, en nageant avec eux ou en nous connectant à eux sur le plan astral à travers la visualisation.

Les dauphins ont une compréhension très profonde de la manière de se mouvoir de façon légère et naturelle à tous les niveaux de la Complétude. Ils connaissent le concept des réseaux de Complétude et nous rappellent comment rester en lien avec ces derniers. Le mouvement des dauphins entre les différentes strates du réseau les maintient dans une fluidité pleine de joie. Les dauphins nous montrent comment nous connecter naturellement de l'individuation à la Complétude et vice-versa et facilitent le processus. Ils portent l'énergie de haute fréquence bleue/blanche de Sirius pour nous aider à rejoindre la Conscience Christique.

Les dauphins nous enseignent à nous connecter facilement avec joie et Amour. Ils sont à la fois transmetteurs et récepteurs des fréquences de Sirius et ils déposent ces énergies dans l'eau, simplement en y étant. Le fait d'avoir des dauphins dans nos océans change l'eau. Comme la fréquence augmente, de plus en plus de choses se produisent en un certain laps de temps – comme si le temps s'accélérait.

Au début, lorsque nous étions davantage comme des sphères de lumière, nous communiquions à travers notre corps de lumière et notre aura. Nous apportions la beauté dans notre être en combinant notre esprit et notre intention. Cette beauté est toujours contenue dans le cerveau des dauphins, qui sont ici pour nous aider à nous souvenir de la beauté et à passer de la douleur et de la souffrance à la joie.

Le cerveau galactique

Les dauphins nous ont aidé à créer un cerveau galactique en connectant les énergies de guérison dans ce cerveau. Si nos crânes étaient transparents, nous verrions des lignes et pulsations de lumière, comme une cité de cristal à l'intérieur de nos têtes. Lorsque nous avons commencé à avoir des corps plus définis, notre cerveau galactique a soutenu notre activité créative en utilisant un courant électrique et en manifestant ce dont nous avions besoin à partir de l'éther. Les codes de cette partie endormie de notre cerveau sont toujours présents dans notre ADN et sont activés par les sons des dauphins.

Quand nos brins d'ADN seront reconnectés, nous aurons accès à des parties de nos cerveaux qui sont endormies. Les dauphins montent en spirale à travers notre ADN, transportant les brins déconnectés et les reconnectant. Leurs sons soutiennent ce procédé, en libérant les codes de notre ADN. Nous avons juste à leur demander de le faire pour nous et c'est fait.

L'ensemble du cerveau des dauphins est pulsations de couleurs : indigo, vert d'eau, saphir, magenta, rose, violet, turquoise. Il est empli de lumière qui contient toutes les dimensions, mais les dauphins ne séparent pas les dimensions. Pour eux, tout est une belle vibration harmonieuse, un chant, une danse de vie. Avec ce cerveau de dauphin, nous créons en bougeant. Nous faisons apparaître des images de nos cerveaux ; quand les images naissent, elles prennent la forme dont nous avons choisi de les entourer. Tous les compartiments du cerveau fonctionnent à plein régime en permanence, une gigantesque expérience harmonieuse. Le cerveau galactique est comme une lumière étincelante, une ville de lumière vibrante. Nous pouvons demander aux dauphins de réveiller ce cerveau galactique dans le nôtre et de les fusionner. C'est une des activations que Charmian propose dans ses sessions. Le cadeau qu'ils nous font contient des pulsations de lumière, comme des méridiens ou points d'acupuncture qui allument/ré-éveillent tous les codes.

L'énergie descend de la Source autour du corps, sous forme de spirales galactiques, apportant au cerveau la fréquence des galaxies. Les techniques de création que nous utilisions avec ce cerveau étaient les couleurs, les sons et les motifs. Nous avons besoin maintenant de commencer à le faire au sein de notre groupe. La pulsation galactique est ce que nous étions au début et ce que les dauphins sont encore. Ils soutiennent l'énergie pour nous ici, sur cette planète, afin que nous puissions être réactivés. Nous retournons désormais à ce que nous sommes; de puissantes entités galactiques énergétiques ayant créé des corps physiques autour de cette énergie. Cette force créa toute chose, y compris notre propre matérialité pour la revêtir. C'était notre intention quand nous sommes venus vivre sur cette planète. C'est pourquoi les dauphins se connectent avec nous aujourd'hui, en nous invitant à nager avec eux ou à écouter leur chant avec l'intention de retrouver notre conscience galactique.

CHAPITRE 16
LES BALEINES

Nous en sommes arrivés sur cette planète, aujourd'hui, à un moment où de nombreuses personnes sont déconnectées de l'énergie de l'Amour. Certaines personnes évoluées sont connectées à cette énergie, mais ce n'est pas comparable à ce qui fut. Il y a aujourd'hui quelques petits points de lumière de-ci de-là, mais différents de ce qui existait en Lémurie. Les baleines sont les porteuses de cette énergie et la diffusent sur la planète pour que l'entendions. Si nous l'acceptons, nous pouvons demander à ce que cela devienne une source de Complétude pour nous, dans nos vies. Les baleines, tout comme les dauphins, émettent les fréquences de Vénus par un rayon d'énergie constant auquel nous pouvons accéder en nous mettant à l'écoute télépathiquement des fréquences des baleines. Ce n'est pas comme si cela provenait d'une autre planète, car les baleines sont déjà là sur Terre. Toute l'eau possède cette fréquence en elle et nous pouvons demander à ce que l'Amour en émerge, même lorsque nous la buvons. Nous pouvons demander aux grâces de l'énergie de Vénus de venir et d'ouvrir nos cœurs conjointement avec les baleines. Nous pourrons ainsi, nous aussi, être l'Amour infini qu'elles sont.

Protectrices de la Terre

Les baleines détiennent une autre clé, différente des dauphins : un langage différent. Elles portent les clés pour la Terre, le royaume physique ; les dauphins détiennent les clés de la Lumière. Les baleines sont les régisseurs de la Terre ; elles maîtrisent le plan terrestre, tout comme les dauphins maîtrisent le plan astral. Les baleines ont développé d'énormes corps pour pouvoir ancrer sur Terre la vaste fréquence d'Amour qu'elles incarnent. Les baleines sont ici pour protéger la Terre.

À travers leur chant et leur taille, elles nous montrent comment aimer et honorer la Terre Mère. Les humains sont venus sur Terre avec les dauphins, mais les baleines ont une mission différente. Les gens se sont déconnectés de Gaia, notre Terre Mère, et ont oublié de l'honorer et de la remercier. Les baleines maintiennent pour nous un espace d'Amour pour la Terre Mère jusqu'à ce que nous retrouvions le chemin de l'Amour. Elles nous enseignent à rester ancrés et dans l'Amour. Tout ceci fonctionne comme un entrelacement interne et délicat.

Les baleines possèdent la mémoire de tous les modèles des différentes planètes et systèmes stellaires et des moments précédant les séparations. Elles maintiennent donc les plans originaux de Complétude. Elles transmettent ces plans en permanence. Quand nous commençons à nous souvenir, nous sommes en mesure de recevoir ces schémas qui nous ramènent à la Complétude. Les baleines resteront sur Terre jusqu'à ce que suffisamment d'entre nous aient reçus ces plans et soient à nouveau capables d'en maintenir les fréquences pour nous-mêmes. Les baleines ont aussi accès à toutes les archives contenant les plans de Complétude pour toutes les civilisations de nombreuses galaxies et univers.

Voir des baleines aide ceux qui n'ont pas un niveau de conscience très élevé à ressentir l'émerveillement devant leur magnificence. Par exemple, les personnes qui ne sont pas à l'écoute d'eux-mêmes et qui sont englués dans leur mental et leurs croyances se voient rappeler en voyant des baleines qu'il existe quelque chose de plus grand à l'extérieur. Peu de gens ont l'occasion de voir quelque chose d'aussi gigantesque ou de voir une des créations de Dieu qui lui soit si semblable. La vision d'une baleine bondissant hors de l'eau ou le fait d'entendre son chant plonge les gens dans un état d'émerveillement et ils rapportent cette mémoire avec eux pour se souvenir de Dieu.

Détentrices d'Amour

Tandis que les dauphins apportent sur Terre l'énergie du Grand Soleil Central à travers Sirius et la flamme Christique, les baleines apportent cette énergie à travers le Temple de l'Amour de Vénus. Les deux espèces incarnent l'Amour et emplissent nos mers d'Amour grâce à leurs chants et leur présence. Leur message est simple : « Souvenez-vous de l'Amour. Souvenez-vous que vous être Amour et souvenez-vous que vous êtes aimés ».

Les baleines nous soutiennent tous dans l'Amour. C'est comme être dans un grand bain chaud. Ce que nous avons fait et où nous avons été n'a aucune importance. Elles nous soutiennent juste totalement dans l'Amour. Elles nous montrent comment être dans l'Amour dans un corps physique. Elles portent cette énergie et sont très patientes. Les baleines portent la vibration d'Amour et attendent, elles portent l'Amour dans les mers comme une guirlande de roses partout autour de la Terre. Ces merveilleux géants sont présents dans tous les océans de la Terre renouvelant constamment l'Amour en disant « Venez juste et recevez l'Amour. »

Aider les baleines

Nous devons nous souvenir du langage des baleines ; par le passé, nous leur parlions et chantions pour elles et elles chantaient en retour. Nous connaissions tous le chant de l'Amour à cette époque, mais les humains l'ont oublié. Les baleines continuèrent à chanter et maintenant elles nous répondent car nous nous rappelons du chant. Bientôt nous serons en mesure de chanter ensemble à nouveau. Si vous vous souvenez du chant, s'il vous plaît allez à l'océan (physiquement ou éthériquement) et rejoignez les pour entonner le Chant de Complétude.

Les baleines ont besoin de notre aide en ce moment. Ce sont de grands êtres doux et elles nous demandent de cesser de les tuer. Les tests de sonars militaires leur sont très douloureux. Elles ne peuvent pas se protéger de nous, elles nous demandent donc d'élever notre conscience pour contribuer à élever celle des autres et aider à les sauver dans des lieux tels que l'Alaska et le Japon où elles sont encore piégées et chassées. Les baleines doivent être respectées et honorées comme des Anciens/des Sages et doivent être libres.

Nous pouvons les aider en leur donnant plus d'attention et en nous concentrant sur notre reconnexion à notre Essence Divine et en l'incarnant. Nous ne prenons pas ce problème suffisamment au sérieux à l'heure actuelle, donc elles nous demandent de nous concentrer à créer davantage d'espace dans nos corps pour recevoir les fréquences de notre Moi Divin. Nous pouvons nous connecter aux baleines visuellement ou à travers le son. Nous devons nous réunir dans nos groupes, car les mémoires sont ancrées dans notre ADN et chaque personne possède un morceau du tout. Avec leur aide, nous pouvons recréer, pour tous, les réseaux pleins d'Amour et de Complétude.

CHAPITRE 17
LA CHUTE

La Lémurie a connu deux périodes distinctes, avant et après la Chute. Au début, nous étions constamment connectés à la Source par les réseaux qui courraient dans toutes les parties de nos villes. Nous étions nourris et régénérés par cette connexion permanente, il n'y avait donc jamais aucun sentiment de séparation ou d'isolement. Avec le temps, nous avons perdu cette connexion et cette période est nommée La Chute. En tombant dans des niveaux de déconnexion de plus en plus profonds, nous nous sommes éloignés toujours plus de la Source. Nos champs d'énergie devinrent de plus en plus denses, comme une couche de rembourrage et d'engourdissement. Nous ne comprîmes pas quand les choses commencèrent à changer et nous oubliâmes qui nous étions. Nous perdîmes le souvenir que nous étions Amour et que nous pouvions créer nos propres ressources de l'intérieur.

Être au service et partager la lumière et la connaissance

Comment cela s'est-il produit ? Il y eut une tentation évolutive d'un autre plan – tentation déguisée en service. Dans certaines stations dans nos villes, nous nous tenions en cercle dans nos capsules et activions par notre intention des rayons de lumière ou des sons pour nous téléporter et nous matérialiser dans le nouveau lieu. Nous savions que d'autres civilisations avaient besoin de la Lumière et d'aide ; nous avions tellement de connaissances que nous souhaitions les partager avec elles. Notre mode de vie était si harmonieux que nous voulions que les autres civilisations atteignent le même niveau d'équilibre et d'harmonie.

Au début, ça allait bien ; nous étions capables de maintenir l'énergie dans les réseaux car nous étions toujours connectés à la Source et aux autres systèmes stellaires. Les villes et les jardins étaient si beaux ; il y avait des bassins, des fleurs et des arbres, des licornes et des dauphins avec qui jouer. Nous vivions encore dans la Complétude, l'émerveillement et la joie. Nous avions des fruits, des légumes, des arbres, et nous aimions notre monde. C'était un paradis matériel sans douleur. Nous étions les personnes innocentes dans le Jardin d'Eden.

L'oubli de qui nous étions

Alors que nous tombions davantage dans la densité, nous commençâmes à perdre nos connexions avec les systèmes stellaires. En premier lieu, nous commençâmes à avoir davantage d'échanges avec les Atlantes. Puis l'Atlantide commença à sombrer dans le matérialisme avec ses concepts de séparation entre le « Nous » et « Eux » et des divisions entre « élites » et « inférieurs ». Les Atlantes utilisèrent par exemple les hommes des cavernes pour les métisser avec des animaux et en faire des classes inférieures qui leur servaient d'esclaves.

Malheureusement, certains de ces concepts matérialistes s'implantèrent en Lémurie et se répandirent comme une traînée de poudre. Les Atlantes en arrivèrent à un point où les personnes en contact avec les peuples des étoiles étaient « Nous » et tous les autres « Eux ». Les peuples stellaires refusèrent de participer à cela et cessèrent consciemment d'interagir.

Nous n'avions pas réalisé combien le fait de vivre dans les vibrations denses d'autres civilisations nous affecterait. Nous commençâmes à oublier que nous étions Lumière et devînmes trop impliqués dans leurs fréquences denses. Ceci permit à des extraterrestres de plus basses fréquences de venir et d'exploiter la Terre et ses habitants.

Nous étions alors perdus. Nous ne possédions plus de racines ou de connections avec nos foyers stellaires. Ce fut le début de La Chute. Une fois installé, le cancer se développa. Nous étions livrés à nous-mêmes. La distorsion fut l'amour du pouvoir, qui se traduisit pour une accumulation de richesses. Les Atlantes en voulaient toujours plus, ce qui ressemblait à du matérialisme pour les autres. « J'ai ce pouvoir et ces choses et tu ne les as pas » semblait être leur philosophie et leur mode de vie. Les nations extraterrestres ne souhaitèrent plus nous fournir d'assistance car ils eurent le sentiment que nous utilisions leurs cadeaux de manière inappropriée.

Alors que tout ça se produisait, davantage de Lémuriens quittèrent la Lémurie pour parcourir la Terre pour aider les autres à retourner à la maison, mais eux aussi se retrouvèrent coincés. Rapidement, il n'y eut plus personne pour soutenir ou régénérer les réseaux et les cités commencèrent donc à se désintégrer. À une époque, la conscience des bâtiments s'entremêlait avec les personnes qui les avaient créés et qui travaillaient à l'intérieur, mais tout ça avait disparu. Sans cette interaction, les bâtiments ne pouvaient pas maintenir leur structure et ainsi les cités perdirent leur force et se dissipèrent. Le continent de la Lémurie s'enfonça sous l'océan. Ce fut comme à l'époque de Montségur en Midi-Pyrénées dans le sud-ouest de la France. Quand les Cathares comprirent que la fin était proche, ils marchèrent joyeusement vers le feu. En tant que Lémuriens, nous retournâmes à l'eau et à la Lumière dont nous provenions.

À part pour être au service et partager notre savoir avec d'autres civilisations, pourquoi aurions-nous choisi de faire une telle expérience de séparation? En tant que Lémuriens, nous étions persuadés que nous étions en mesure de maintenir les hautes énergies n'importe où, nous avons donc choisi de voir jusqu'à quel niveau de densité nous pouvions descendre et maintenir la Lumière pure. La mission était d'apporter la lumière au plan de plus basse densité possible. La question était de savoir si nous pourrions conserver à l'intérieur de nous l'intégrité et la Complétude de la Lumière en descendant si profondément dans la densité.

Lorsque la Lémurie sombra, nous interagissions avec des peuples primitifs. Certains d'entre nous devinrent des émissaires encore capables de maintenir un contact télépathique avec des civilisations extraterrestres, mais progressivement leur nombre chuta à quelques-uns. Certaines tribus amérindiennes possédaient et possèdent encore un contact avec les peuples stellaires car ils n'ont pas adopté la technologie et sont, par conséquent, restés en contact avec la Terre et les modes de vie premiers.

Retour à notre essence

Le souvenir de La Chute est imprimé dans nos mémoires cellulaires. Il y a deux représentations. L'une est que nous retournons à l'Unité, à la Complétude, tandis que l'autre est « Que s'est-il passé ? Qu'est-ce qui n'a pas fonctionné ? Comment avons-nous échoué ? » En fin de compte, nous avons abandonné notre existence physique et sommes retournés à l'endroit de l'essence pure. Nous sommes retournés à l'innocence. Nous devons nettoyer la mémoire de cet échec afin de pouvoir maintenir cet état d'innocence originelle dans la négativité de la troisième dimension.

Nous pouvons nous connecter les uns aux autres dans nos corps de Lumière, comme nous le faisions dans les temples lémuriens parce que nous sommes des êtres de Lumière. Nous apportons dans nos corps physiques, tels qu'ils sont actuellement, l'essence de Lumière libre, pure, sans chaînes et sans liens. Quand nous pouvons être la Lumière, l'état dans lequel se trouvent les gens qui nous entourent n'a aucune importance. Nous n'avons pas à changer les autres. S'ils ne choisissent pas d'être dans la Lumière, cela n'affecte pas notre état, car nous sommes dans la Lumière qui nous aide à être dans ce monde et pas de ce monde.

Nous pouvons nous détacher des résultats ou des expériences car nous savons qui nous sommes. Nos groupes des temples sont toujours des sphères de couleurs dans nos corps de lumière. Nous pouvons faire appel à ces couleurs et énergies à n'importe quel moment, peu importe où nous sommes.

Quand la Terre bougera, tous nos niveaux et existences seront rassemblés dans la Complétude. Nous n'y sommes pas encore, ainsi en tant que race nous devons nous reconnecter à nos équipes pour nous entraider à maintenir la fréquence d'Amour. Nous devons le faire maintenant.

Avant La Chute, avant que la conscience du « Nous » et « Eux » ne vienne d'Atlantide, il y avait une harmonie et une qualité holistique dans tout ce qui existait. Nous regardions comment chaque création allait impacter chaque aspect de notre être. Tout était conçu en gardant cette vision en tête. S'il ne s'agissait pas de quelque chose de bénéfique à chaque aspect de notre existence, alors ça n'était pas créé. Ce concept fut perdu lorsque les choses commencèrent à changer en « Nous » et « Eux », il n'entrait plus dans l'équation.

C'est à ce moment que les choses se sont déséquilibrées. La Terre l'a senti, s'est déplacée et tout s'est désolidarisé. C'était un nettoyage, semblable à ce que nous vivons aujourd'hui. La Terre Mère ne peut supporter qu'une certaine quantité, puis elle dit « Ok, assez. »

CHAPITRE 18
LE RETOUR

Ceux d'entre nous qui étaient en Lémurie sont les plus vieilles âmes sur la planète, les plants d'origine. Nous sommes revenus pour le retour de l'Unité pour nous et pour la Terre. Nous portons dans notre ADN, les modèles des codes de lumière lémuriens qui activeront les réseaux terrestres et créeront le plan de Complétude pour la Terre et tous ses habitants. Le plan descend comme une matrice. D'autres possèdent aussi des codes, qui ne sont pas ceux de la Lémurie et ont aussi leur rôle à jouer. Quand ces codes de Lumière seront activés, nous serons capables d'augmenter nos fréquences jusqu'au corps de lumière de cinquième dimension et de nous élever et d'élever la Terre jusqu'à retrouver l'Unité.

Réveil

Certains d'entre nous commencent à se souvenir de qui nous sommes et de pourquoi nous sommes ici. Nous prenons conscience de la nécessité d'augmenter nos vibrations pour nous rappeler comment ouvrir, soutenir et partager le plan de Complétude. Pour y parvenir, nous devons manger de la nourriture haute en vibration et surveiller nos pensées. Nous devons garder nos corps et nos esprits sains pour porter ces hautes vibrations. De plus, ceux qui se souviennent de qui ils sont doivent partager leurs mémoires en les rendant accessibles et visibles pour les autres. Nous avons peur de partager nos connaissances parce que, historiquement, nous avons été ridiculisés, persécutés ou exclus car différents du courant dominant.

Alors que les vibrations de la Terre augmentent, les anciens temples et cités de cristal, qui s'étaient retirés vers des dimensions plus élevées pour préserver leurs énergies intactes lorsque l'obscurité s'est installée, sont en train d'être réactivés. Le temps du réveil est arrivé. Les membres des équipes des temples lémuriens se retrouvent. Chaque membre du groupe détient un aspect clé qui s'activera quand tous les morceaux seront rassemblés.

Comme auparavant, les maîtres des réseaux lémuriens sont en train de recevoir les codes et de les traduire afin qu'ils puissent être reçus sur le plan terrestre. Des ondes de sons et de lumière transportent les nouveaux codes de Lumière. Puisque les cristaux peuvent transmettre l'énergie, les lieux sur Terre où l'on trouve de nombreux cristaux sont des conducteurs et amplificateurs naturels de l'énergie des réseaux terrestres. La vibration de la Nouvelle Terre est déjà là. C'est la fin de toutes nos incarnations sur le plan terrestre. Nous sommes ici pour ancrer dans le plan matériel l'énergie des Seigneurs de Lumière, les Elohims. Nous devons nous rappeler que nous détenons le plan. Quand nous l'ouvrons pour nous-mêmes, nous l'ouvrons pour tous. Nous devons le voir en chacun d'entre nous et comprendre que c'est ce que nous sommes véritablement et réellement.

Pour ce faire, nous cherchons ceux qui possèdent un ADN résonnant et spécifique afin de pouvoir co-créer à un niveau conscient avec ces familles et groupes. Nous nous réunissons à nouveau dans les cercles de nos temples, mais beaucoup d'entre nous ne sont pas encore conscients que ce soit ce qui est en train de se produire. Nous savons seulement que nous sommes attirés les uns vers les autres dans des groupes spirituels où nous redécouvrons nos esprits et commençons à nous rappeler qui nous sommes. Il s'agit d'une renaissance des anciens cercles des temples.

Aider la Terre Mère à retourner à la Complétude

Nous pouvons faire beaucoup pour aider la Terre Mère actuellement. À partir du moment où nous sommes sur Terre, nous l'imprégnons de notre conscience ; par conséquent ceux d'entre nous qui possèdent la connaissance consciente des codes de l'Unité la rayonnent vers les autres. Puisque la Terre a perdu la mémoire du réseau originel d'Unité, nous lui rappelons que cette vibration devient à nouveau manifeste.

Quand nous recevons les nouveaux codes de Lumière et les insérons aux réseaux de la Terre, une nouvelle note s'ajoute à la symphonie et voyage autour de la Terre dans les réseaux de cristaux. Beaucoup reçoivent la note manquante. Quand elle résonne en eux, cela aide à restaurer l'équilibre de la Terre. Certains reçoivent la note sous forme de son, elle peut alors être transmise sous forme de chant ou de tonalité. D'autres la reçoivent sous forme de symboles, de motifs de lumière, elle peut alors être transmise à travers l'art ou la visualisation. Nous nous reconnectons à nos équipes lémuriennes venues des étoiles avec nous. Nous devons savoir que chacun porte les autres à l'intérieur de lui et que nous sommes toujours connectés directement au cœur du groupe.

Nous sommes arrivés dans un lieu où nous avons perdus les mots qui nous connectent à l'essence profonde, la conscience de l'Unité se bat donc pour ressurgir. Afin de retourner à la riche et joyeuse façon de vivre et d'être, il nous faut ressentir le « Je » supérieur dans nos cœurs. Notre cœur est réellement le centre où tout se connecte. Chaque fil de pensée et chaque fibre de ressenti est connecté au cœur. Plus nous le réalisons, plus l'énergie peut circuler de nos cœurs vers chaque aspect de notre vie pour nourrir et accroître la vibration de la Terre Mère.

Une autre manière d'aider la Terre Mère est de nous rappeler mutuellement notre Unité puisque nous sommes tous connectés et avons conjointement un rôle à jouer. Chacun possède un talent à offrir. Tout peut fonctionner en harmonie et ajouter sa pièce à l'ensemble. Nous pouvons créer l'Amour, être l'Amour et être la Complétude. Nous pouvons être des créateurs. Nous pouvons être l'équilibre, une co-création consciente avec l'énergie masculine et féminine. Nous pouvons offrir nos dons et nous souvenir de notre but. Nous pouvons nous entraider, prendre soin les uns des autres et nous concentrer sur le bien de l'ensemble. Ceci se produit déjà. Un groupe d'êtres plus évolués reconnaît la nécessité de l'interdépendance, de l'équilibre, de l'amour et de l'entraide. Cette conscience grandit.

La visualisation est une autre manière d'aider la Terre Mère en ce moment. En Lémurie, nous pratiquions les soins en maintenant la vision de la personne déjà guérie, dans la Complétude, et nous nous connections à cette représentation. Nous pouvons le faire actuellement pour la Terre Mère en soutenant la vision d'elle guérie et transformée dans la Complétude.

La boucle est bouclée

À l'origine, nous avons choisi d'entrer dans la densité terrestre pour apporter la lumière dans l'obscurité. Notre niveau de conscience est différent aujourd'hui car nous avons le pouvoir de l'ombre et de la lumière. Nous ne craignons pas l'ombre car cette nouvelle fréquence de lumière est née du vide et elle contient tous les pouvoirs de l'obscurité et de la lumière. Il s'agit du nouveau niveau de conscience de ceux qui s'éveillent et qui choisissent d'achever le cycle de transformation actuellement. Il temps désormais de créer une nouvelle forme de Lumière qui peut exister dans la densité tout en maintenant la fréquence et le pur Amour de l'Unité.

Nous bouclons la boucle : de la Lumière Dorée de l'Unité à la nouvelle forme du Christ Cosmique, en passant par l'obscurité. La flamme bleue dans chaque brin d'ADN permet à la race humaine de muter vers un véhicule galactique pour incarner la Conscience Christique. C'était le but de La Chute – faire l'expérience de L'Obscurité et maintenir notre Lumière. Nous sommes ceux qui réalisent l'Objectif Divin, à savoir le réveil de la représentation de la Complétude pour incarner notre Divinité en créant un nouvel âge d'or sur la Nouvelle Terre.

Le moment est venu de clamer notre Divinité, de s'ouvrir pour la recevoir et d'accepter de l'incarner. En le faisant, nous libérons nos âmes. Les chaînes qui nous maintenaient dans la séparation se dissipent ; nos ailes se déploient à mesure que nous incarnons de plus en plus l'énergie du Christ Cosmique. Nous devons inviter les cellules de nos cœurs à être transmutées dans la Flamme Bleue du Christ Vivant. Nous devons désormais revendiquer notre droit de naissance au nom de l'humanité en éveil. Nous voyons les cœurs embrasés. Nous décrétons que c'est ainsi et voyons toutes formes de séparation être transmutées maintenant dans la Flamme du Christ Cosmique.

De la pleine conscience, en passant par l'oubli total et l'illusion de l'isolement, nous retournons désormais à l'ancienne expérience de vie circulaire. Le balancement du pendule retourne à son centre. Comme nous y retournons, nous réalisons que nous ne sommes pas seuls et que toutes les expériences qui nous ont causé tant de stress, en étant isolés de notre centre, ne sont que des illusions. Nous devions les emplir avec notre impression de réalité afin de les comprendre. Maintenant, nous revenons et apportons une somme d'informations en provenance de la Source, dont nous sommes issus.

Les Lémuriens et autres Travailleurs de Lumière

Comme les dauphins et les baleines connaissent et portent la fréquence de l'Unité, ils sont une source de mémoire pour ceux qui reviennent. C'est plus difficile actuellement, parce que nous vivons dans les vibrations basses de la troisième dimension et que nous n'avons pas le soutien de l'ensemble de la société. C'est pourquoi il est plus important que jamais pour les Lémuriens et autres Travailleurs de Lumière de se retrouver, de se souvenir de leur Lumière et d'apporter la vibration de Complétude par des tonalités, des visualisations, des danses, de la musique – tout ce qui peut ouvrir le cœur, de toutes les manières possibles, et aider les Travailleurs de Lumière à se soutenir mutuellement. De plus, ils peuvent vivre ensemble en communautés coopératives et transmettre les énergies d'Unité aimante à d'autres communautés qui pourraient en bénéficier. Ils pourraient alors rejoindre leurs propres communautés en soutenant et en rappelant qu'ils sont la Lumière. Cette forme d'évolution en tant que civilisation grandit et aide les individus à se souvenir de qui ils sont.

Lorsque les civilisations de Lémurie devinrent plus denses, elles furent bouleversées et surprises, car elles ne savaient pas comment faire marche arrière. Nous sommes désormais conscients du chemin et des possibilités d'évolution. Nous sommes conscients que nous vivons dans la densité depuis des éons et développons notre Lumière. Les Lémuriens et autres Travailleurs de Lumière sont de plus en plus forts et nombreux; nous nous souvenons que nous pouvons vivre comme une communauté dans la densité de ce monde. À mesure que nous nous remémorons qui nous sommes, nous pouvons aider les autres à évoluer et ainsi continuer à cheminer dans notre propre force et mission. Nous sommes tous en chemin vers notre Lumière, chacun à notre façon, mais les Travailleurs de Lumière possèdent des dons de guérison et la capacité d'aider les autres à augmenter leurs vibrations. Si nous parvenons à aider d'autres personnes à augmenter leurs vibrations, même d'un iota, alors nous accomplissons notre travail sur la planète.

Suivre l'appel intérieur

Pour faire simple, nous vivons tous en tant qu'Un et cela signifie qu'à un certain niveau, chacun d'entre nous sait exactement ce que tous les autres font, pensent ou créent. Ceci vaut pour toute la création, par conséquent aujourd'hui beaucoup d'entre nous se sentent poussés à se reconnecter à la nature. Nous entendons nos frères et sœurs dans les esprits de la montagne, dans les esprits des arbres, dans les esprits des océans. Avec ces co-êtres, nous nourrissons cette Unité. Plus nous faisons l'expérience de la joie, du bonheur et de la créativité, plus nous recevons de l'énergie par retour de flux – un peu comme des oiseaux migrateurs. Beaucoup d'entre nous suivent désormais cet appel intérieur.

Nous sommes attirés vers différentes parties de notre planète où de réels groupes co-créatifs nous attendent. Nous nous sentons «appelés» et nous y retrouvons d'autres personnes qui s'y sont aussi senties « appelées ». De par notre nature, nous sommes des êtres mobiles. Nous nous en sortons mieux lorsque nous ne nous attachons pas à une personne, à un lieu ou exclusivement à une activité particulière. Nous avons besoin de réaliser que, bien que nous sommes encore dans un temps linéaire et que nous traversons les choses les unes après les autres, tel qu'un endroit sur la planète, une activité, une relation ou une expérience, nous ne serons, à terme, plus aussi liés au temps. Nous serons capables de voir que tout se produit de concert et le bonheur croîtra lorsque nous découvrirons que nous formons un ensemble et que nous ne sommes pas séparés par le temps linéaire.

Nous devenons davantage conscients des nombreux degrés de joie qui se manifestent, à mesure que nous retrouvons nos anciens partenaires et que nous nous réunissons dans l'union sacrée, partageant nos énergies et retrouvant la joie et la pure félicité. Nous sommes conscients des nombreux êtres – dauphins, baleines, étoiles, arbres, élémentaux – qui se joignent à nous dans cette extase. Nous apprenons à ne plus exclure quiconque. Nous commençons à oublier les « Je ne peux pas » et à nous souvenir de dire « Oui, je peux ».

Chaque pensée qui nous traverse, chaque image que nous voyons, chaque possibilité que nous imaginons devient une vibration joyeuse qui se répand et réunit tout au même instant. Nous réalisons que Tout est Un. Tout est ici en tant qu'Un.

Les maîtres lémuriens des réseaux accompagnant les stades des cycles

Nous sommes les Maîtres lémuriens qui s'incarnent au début et à la fin des grands cycles de civilisation sur Terre. Nous venons pour aider la transition d'un niveau de conscience au suivant et détenons les codes pour que chaque nouvelle fréquence soit semée sur la planète. Les Flammes Jumelles viennent ensemble pendant ces vies pour travailler en partenariat à ancrer les énergies pour chaque nouvelle phase de l'évolution humaine. Nous portons les mémoires de la Beauté au début de chaque cycle et la douleur de la destruction à la fin de chaque cycle. Beaucoup d'entre nous s'abstiennent d'être avec nos Flammes Jumelles dans cette vie, car nous portons cette douleur irrésolue de les avoir perdus lors de la destruction de l'Atlantide et de la Lémurie. Nous devons nous débarrasser de cette souffrance car nous sommes censés travailler en ce moment avec la polarité de nos partenaires pour assister le retour de la Terre Mère à l'Unité.

Les défis physiques et émotionnels de cette époque

Les énergies de la Terre guérie vibrent à haute fréquence et se propagent autour du globe. Ceci engendre de nombreuses réactions physiques et émotionnelles lorsqu'elles pénètrent dans nos corps énergétiques. Les mémoires de souffrance et de maltraitance que nous portons résonnent à un niveau de fréquence bien plus bas; ainsi, lorsque l'énergie d'Amour pur atteint notre champ d'énergie, cela déclenche des réactions pendant que le corps se débarrasse des anciennes énergies.

De nombreuses personnes ressentent des douleurs sur le plan physique, particulièrement dans les os, puisque nous sommes littéralement en train de faire grandir un nouveau corps avec une fréquence cristalline bien supérieure. Nous sommes actuellement dans le processus de « transition ». Comme le savent ceux d'entre vous qui ont l'expérience ou qui travaillent aux accouchements, la phase de transition lors du travail d'une femme sur le point de donner naissance est la plus difficile. Comme nos os se modifient en une nouvelle structure cristalline, beaucoup de personnes souffrent de douleurs ou de fractures des os. De plus, d'anciennes peurs et angoisses refont surface, poussées par l'énergie d'Amour pur pour qu'elles puissent être purifiées ou relâchées. C'est le temps de la grande guérison où toutes les anciennes blessures sont ouvertes pour être soignées. C'est une période de défis car nous voyageons aveuglément à travers le processus de naissance, sans savoir consciemment qu'il ne s'agit de rien de moins que la naissance de notre étincelant Moi Divin. L'issue sera magnifique.

Lorsque les émotions et les problèmes physiques apparaissent, ils peuvent être ressentis comme relativement bouleversants. Il est donc utile de trouver une bonne « sage-femme » pour assister le processus. L'hypnothérapie, les soins énergétiques et/ou sonores, le travail sur le corps aident les individus à ramener la Représentation de Complétude et à relâcher les mémoires qui les maintiennent dans la séparation. Les émotions qui surviennent peuvent sembler très réelles, mais il ne s'agit que de mémoires qui peuvent être retirées très facilement avec de l'aide.

Certains des symptômes physiques comprennent de fortes températures soudaines, des toux, des rhumes, des otites, des maux de têtes et des troubles digestifs car le corps réagit aux hautes fréquences et brûle littéralement les anciennes énergies bloquées qui nous maintiennent dans la densité et bloquent la Lumière. Nous retrouvons la conscience de qui nous sommes et commençons à le vivre maintenant.

Cette ère des Verseaux nous invite à être plus créatifs dans le royaume mental du cerveau droit. À mesure que nous reconnecterons nos brins d'ADN, nous renouerons davantage avec la partie créative de notre cerveau.

Nous avons le niveau de conscience pour changer ce qui se passe sur Terre et c'est la raison pour laquelle les mémoires de Lémurie refont surface. Il nous faut retirer toutes les mémoires liées à La Chute car pour beaucoup d'entre nous, ces mémoires nous empêchent de nous connecter et de manifester à partir de notre Moi Divin.

Sortie de l'ego et entrée dans l'Unité

Il est temps de quitter l'ego. Nous devons nous manifester maintenant pour le bien de l'ensemble, de la communauté, de la planète. Il nous faut nous débarrasser de ces mémoires douloureuses de La Chute parce que nous associons le procédé de manifestation avec la douleur de La Chute et ceci viole notre pureté et notre innocence originelle. Nous avons perdu de nombreux de nos brins d'ADN et avons sombré dans un grand vide – dans un autre niveau de conscience. Nous pouvons consciemment, aujourd'hui, recouvrer notre innocence. Le temps de la réalisation de l'ensemble du processus est venu: la fusion de la conscience et de l'innocence en Un.

Dans le ventre de la Grande Mère, nous sommes entrés dans la matière. La Chute constitue le moment important où nous avons apporté la Lumière dans la matière comme un moyen de créer la dualité, avec le Père Divin et la Mère Divine s'unissant en tant qu'Un dans l'acte de création. Le temps est venu aujourd'hui d'avancer et de revendiquer ce pouvoir et notre maîtrise dans toutes les dimensions. Nous devons soutenir la Lumière en rééquilibrant le principe masculin avec le principe féminin. Nous avons créé notre monde, les fleurs, les plantes et les créatures dans les Temples de Création. Nous possédons cette connaissance et ce pouvoir encodés dans notre ADN. Le temps est venu de libérer ces mémoires, de réactiver les codes et de ramener la Terre au Paradis, le Jardin d'Éden.

CHAPITRE 19
HAWAÏ ET LES ÎLES DU PACIFIQUE

Certains endroits sur Terre portent les mémoires de l'Ancienne Lémurie et des personnes y sont appelées, que ce soit pour y vivre ou pour visiter ces sites anciens qui conservent les fréquences de la civilisation perdue. La Nouvelle Zélande, l'Australie, l'Indonésie, le Japon et toutes les îles du Pacifique possèdent ces mémoires stockées dans les pierres et dans la terre, ainsi que le côté ouest de l'Amérique de Nord et du Sud: la Californie, le Brésil, le Chili, le Mexique et le Pérou. Tous ces lieux ont des populations de dauphins et de baleines qui attendent de se reconnecter avec nous et de nous aider à nous réveiller et nous souvenir de qui nous sommes.

Les îles hawaïennes sont un point central connecté à toutes les autres îles de l'océan Pacifique. Nous apportâmes les codes en ce lieu et leur donnâmes une forme grâce à laquelle elles pouvaient circuler dans les réseaux de lignes énergétiques de la planète. Nous les convertîmes afin qu'elles puissent être reçues sur le plan terrestre. De nombreux maîtres lémuriens sont appelés à retourner à Hawaï pour activer leurs codes endormis. Rien n'est jamais perdu. Ce n'est pas quelque chose que nous devons apprendre, mais juste nous souvenir. Ces codes peuvent être activés par le son, par l'interaction avec les baleines et les dauphins quelle que soit la manière ou par des guérisseurs qui détiennent les fréquences.

La Grande Île Hawaii possède davantage l'énergie de la Lémurie après La Chute. Les vibrations pures qui existaient avant La Chute sont davantage accessibles sur Maui, Lanai et Kauai. Il y s'agit d'une énergie plus subtile, plus raffinée; il y est par conséquent plus facile de recevoir le plan pour la matrice de la Complétude. Sur la Grande Île Hawaii, il est nécessaire de convertir les énergies à travers des filtres dans nos champs d'énergie pour les affiner, mais ce n'est pas nécessaire sur Maui et c'est la raison pour laquelle il y a autant de Travailleurs de Lumière là-bas.

Le réseau sous-jacent est déjà en place pour ancrer le plan de Complétude. Il est puissant et il est facile d'y accéder et de travailler avec.

Maui possède un esprit communautaire fort qui a besoin d'être intégré dans toutes les îles d'Hawaï. Le volcan Haleakala était un centre d'énergie puissant de Lémurie. Cette énergie rend la fréquence lémurienne plus facilement accessible aux enseignants, aux guérisseurs et aux figures de la Nouvelle Ère sur Terre, qui ont pour but de rapporter les anciens enseignements et les anciennes connaissances. À mesure que nous nous reconnectons à la Source, devenons complets et guérissons, l'énergie se réverbère comme des ondes sur un étang et touche davantage de personnes.

Quand nous sommes dans l'eau avec les cétacés, en écoutant leurs sons ou simplement en les voyant, nous pouvons facilement recevoir les codes qui nous permettront de nous remémorer la Complétude et l'Amour. Quand suffisamment de personnes se souviendront, la planète entière pourra retourner au niveau de conscience d'Amour pur et de Complétude de la Lémurie, mais ce sera cette fois dans nos corps physiques denses. Lorsque la fréquence de l'Amour inconditionnel vibrera dans nos champs d'énergie, cela affectera et activera les énergies de toutes les personnes qui entreront en contact avec nous.

Cérémonie pour la Réouverture du réseau de la cité de cristal dans la Baie de Kealakekua

Le 20 Août 2006, certains d'entre nous ont formé un cercle devant l'océan et nous nous sommes harmonisés avec l'intention de réouvrir la grille de la cité de cristal, qui se situe dans l'océan, entre les baies de Kealakekua et d'Honaunau, les deux baies où les dauphins sont le plus actifs. Puis nous nous sommes tournés face au soleil couchant, en demi-cercle, et nous nous sommes à nouveau harmonisés avec l'énergie du soleil dans l'intention de nous reconnecter avec la fréquence de Complétude à travers le Grand Soleil Central.

Pendant que nous faisions cela, plusieurs personnes, avec leur vision interne, ont vu une cité de lumière apparaître à l'horizon, au-dessus de l'océan. Nous avons ensuite formé notre cercle sur l'herbe de Manini Beach et avons ancré l'énergie dans les réseaux de la Terre ce qui a finalisé la ré-activation du temple. Depuis, j'ai découvert des villes de cristal dans le cratère d'Haleakala, dans la vallée de Kalalau sur Kauai, dans la Baie de Manele sur Lanai et d'Huelo sur Maui. Je suis persuadée que d'autres attendent d'être redécouvertes.

Ceux qui se sont reconnectés à ces fréquences possèdent déjà dans leur champ les énergies de la Nouvelle Terre. La modification énergétique commence à Hawaï et se répand à travers toute la planète. Les énergies sont transmises et reçues par les grands centres énergétiques de la Terre qui amplifient les énergies et les redistribuent. Les travailleurs de Lumière portent cette fréquence dans leurs champs d'énergie une fois activée, c'est la raison pour laquelle nous voyageons tant actuellement.

Après avoir passé cinq mois à Hawaï à recevoir des activations, je me suis retrouvée à voyager pendant six mois emportant les fréquences en Angleterre, particulièrement à Stonehenge et Glastonbury, puis en chemin pour la Californie, à New Grange en Irlande, à Salt Lake City dans l'Utah, à Sedona en Arizona, à Santa Fe au Nouveau-Mexique et au Mont Shasta en Californie. Quand je me trouvais dans ces lieux, lors mes ateliers, j'ai transmis ces fréquences aux participants qui ont été activés et qui les ont transportées dans leurs voyages. Rien qu'en voyageant, quand nous nous retrouvons à visiter de grands vortex énergétiques de la planète, tels que la Macchu Pichu, Gizeh, Ayers Rock en Australie, le parc national de Grand Teton, Stonehenge, New Grange en Irlande et/ou les pyramides mayas du Yucatan, nous permettons à la Lumière d'être. Avec un ami, nous nous sommes retrouvés dans le Canyon Boynton à Sedona, en Arizona, sur le haut d'une corniche à regarder la vallée.

Là, de l'autre côté, se trouvait une cité lémurienne entière avec des temples et des colonnes qui semblaient avoir été sculptés dans la roche. Il y avait un groupe entier de Lémuriens qui nous y attendait pour réactiver le temple.

Les tonalités sont particulièrement puissantes pour transmettre les codes, car le son est reçu par les roches et les cristaux sur les sites sacrés et par tous ceux qui les visitent par la suite. Quand je visite des sites anciens, je chante toujours puis plonge dans le silence pour entendre le message que les pierres ont pour moi. Juste une cérémonie très simple (des prières, des tonalités et s'asseoir en silence) aidera à se connecter aux mémoires du lieu.

Comme nous soutenons la Représentation de la Terre guérie et transformée, elle se déplace doucement dans cette énergie; néanmoins les individus font face à de nombreux défis en ce moment et la Terre aussi. Elle se nettoie comme l'illustre l'augmentation des tremblements de terre, des tsunamis et de l'activité volcanique. Elle modifie l'énergie de l'Ancienne Terre de ses plaques, comme nous modifions l'énergie de notre ancien niveau de conscience de séparation de nos os. Nous faisons croître un nouveau corps de Lumière et la Terre aussi.

Le temps est venu pour nous tous de nous réveiller,
De nous rappeler qui Nous Sommes,
Et de donner Naissance à la Nouvelle Terre.

POSTFACE
LA MISSION DE CHARMIAN
CANALISÉE PAR UN MEMBRE
DE SON ÉQUIPE

Charmian nage régulièrement avec les dauphins et elle a vécu en Lémurie. Elle était une des Semences d'Etoiles originelles qui apportait ici les codes pour la Lémurie. Elle les transmet aujourd'hui à ceux qui sont prêts à les recevoir. Les codes sont transmis à travers elle, dans chaque aspect de son travail; ils rappellent aux gens que nous formons un Tout. En voyageant, elle œuvre en offrant une connexion directe pour ramener les personnes dans la Complétude, les ramener dans l'Amour. Elle possède cela en elle. Elle est ici pour rappeler aux gens qui ils sont.

Le temps est venu désormais d'activer les codes de Lumière de l'ADN reçus en Lémurie. Ces codes nous aideront à activer notre Corps de Lumière Humain-Galactique Divin and nous permettra de créer une nouvelle réalité, qui pourrait se manifester par des relations florissantes, l'abondance financière ou une belle maison. Ces codes, que Charmian nous aide à activer, nous permettent aussi d'attirer notre Famille d'Âme, recréant ce sentiment de communauté, le sentiment de ne plus jamais être seul. Charmian est aussi ici pour accueillir dans le monde les nouveaux enfants, par le biais de son travail en tant que doula et qu'éducatrice hypnobébés TM.

Nous pouvons maintenant retourner à la manière dont la société était organisée et fonctionnait en Lémurie. La connexion aux anciens Lémuriens est toujours présente, bien que de nombreuses personnes n'y pensent pas.

La technologie, les soins, l'Amour : voici qui est Charmian. Elle est la connexion. Elle est l'Amour. Elle se souvient de qui elle est.

Elle se souvient de sa connexion à la Lémurie, aux dauphins, aux baleines, aux anges et aux guides. Elle est une messagère. Elle est venue ici pour rappeler aux gens qui ils sont. Sa méthode fonctionne par l'imagerie guidée et l'hypnose, et c'est un cadeau parce que les personnes adorent retourner à ce qu'ils sont et ne savent pas comment le faire.

Ce type de voyage est un cadeau merveilleux car il emmène les personnes en des lieux auxquels elles n'ont pas accès seules et c'est positif pour le grand tout. Quand son partenaire arrivera, il s'agira de retrouvailles dans un équilibre parfait. Elle travaille avec le coté de la Déesse et son partenaire apportera l'aspect masculin. Lorsque qu'ils se réuniront pour le bien de l'ensemble dans une communion extatique avec Dieu, ils formeront un modèle que chacun aspirera à reproduire – la connexion à la Source à un niveau plus profond, passionné et plus intime.

En étant sur Maui, Charmian est chez elle. Ici, les mémoires sont très proches de la surface et sont très facilement accessibles. Elle les porte toutes dans son champ d'énergie car elle était un maître des grilles en Lémurie. Les plans étaient reçus à travers elle pour toute chose, et d'autres personnes décodaient les informations. Elle détenait la clé maîtresse, par conséquent quand elle voyage, la même chose se produit. Les gens sont capables d'ouvrir les portes qui leur conviennent en s'harmonisant à son champ d'énergie. Cela peut se produire soit dans les groupes dans lesquels elles enseignent, soit individuellement dans les séances sonores ou de visualisation. Ce que l'on fait n'a pas d'importance. Elle ouvre juste son champ d'énergie en chantant, jouant du tambour, utilisant des tonalités ou en voyageant et chacun peut recevoir ce dont il a besoin.

Charmian connecte et réunit. Elle connecte les gens à la Lumière, elle peut voir où le fil est rompu et peut le réparer ou le soigner. Elle prend les mains des gens, puis prend les mains de la Lumière et elle crée la connexion pour tous ceux avec qui elle est en contact.

Elle les reconnecte à la Lumière, là où il y a une fracture, à travers des mots, des actes, des sons; elle possède les clés pour libérer la connexion à la Lumière pure et l'essence de chaque personne.

Elle est ici pour apporter les codes de la Lémurie pour aider à ensemencer la Nouvelle Terre. La totalité de la nouvelle forme vibre déjà dans son champ d'énergie. Hawaï est le lieu d'où part cette nouvelle énergie, par conséquent son champ d'énergie a déjà accepté et intégré les nouvelles fréquences pour la Nouvelle Terre. Elle rapporte la façon lémurienne d'être Amour – aimer et prendre soin de chacun de la même manière. Elle se soucie de chacun comme étant une partie du tout et chaque être est spécial.

Là où elle voyage, elle sème les fréquences dans la terre, dans les gens, qui les transmettent alors aux autres personnes avec qui ils sont en contact. Elle possède une connexion forte avec l'aspect sonore de la Lémurie et est en charge de réunir les gens pour co-créer un point de focalisation en utilisant le son. Charmian possède la capacité de poser la question juste pour recueillir l'information nécessaire pour aider les gens à vibrer en harmonie avec leur Moi Supérieur, les Objectifs de leur Âme et avec les visions plus larges. Elle a le don de voir physiquement les distorsions des informations entrantes, c'est-à-dire celles qui ne sont pas alignées avec la Matrice de Complétude pour ces personnes. Elle a la capacité de les guider et de les réaligner avec leur Moi Véritable.

CONCERNANT L'AUTEUR

En 1980, Charmian a vécu une Expérience de Mort Imminente, lors de laquelle elle est retournée à l'Unité et s'est souvenue de Qui Elle Est. Depuis, elle aide les autres à travers ses ateliers et séances individuelles à se reconnecter à leur Moi Divin et à activer les codes de l'ascension dans leur ADN.

Elle s'est souvenue de ses nombreuses vies en tant qu'enseignante et guérisseuse dans des écoles de mystères, guidant toujours ses élèves à trouver leur Dieu Intérieur et à réactiver leur pouvoir.

Depuis son déménagement à Hawaï en 2006, Charmian a dévoilé de nombreuses mémoires de la Lémurie Ancienne ; où nous vivions dans l'Unité et utilisions notre intention et notre connexion à la Source pour créer ce dont nous avions besoin dans nos vies. Son travail aujourd'hui est de réunir à nouveau ces équipes qui œuvraient dans les Anciennes Cités de Cristal pour que nous puissions commencer à créer le Nouveau Monde.

Vous pouvez contacter Charmian via son site www.cominghometolemuria.com. Elle propose des séances par téléphone ou en présentiel en guidant ses clients dans leurs mémoires personnelles des merveilleuses vies en Lémurie, sur de nombreux autres systèmes stellaires, ainsi que d'incarnations sur Terre.

Other Books by Ozark Mountain Publishing, Inc.

Dolores Cannon
A Soul Remembers Hiroshima
Between Death and Life
Conversations with Nostradamus,
     Volume I, II, III
The Convoluted Universe -Book One,
     Two, Three, Four, Five
The Custodians
Five Lives Remembered
Jesus and the Essenes
Keepers of the Garden
Legacy from the Stars
The Legend of Starcrash
The Search for Hidden Sacred
     Knowledge
They Walked with Jesus
The Three Waves of Volunteers and
     the New Earth
A Vey Special Friend
Aron Abrahamsen
Holiday in Heaven
James Ream Adams
Little Steps
Justine Alessi & M. E. McMillan
Rebirth of the Oracle
Kathryn Andries
Time: The Second Secret
Cat Baldwin
Divine Gifts of Healing
The Forgiveness Workshop
Penny Barron
The Oracle of UR
P.E. Berg & Amanda Hemmingsen
The Birthmark Scar
Dan Bird
Finding Your Way in the Spiritual Age
Waking Up in the Spiritual Age
Julia Cannon
Soul Speak – The Language of Your
     Body
Ronald Chapman
Seeing True

Jack Churchward
Lifting the Veil on the Lost
     Continent of Mu
The Stone Tablets of Mu
Patrick De Haan
The Alien Handbook
Paulinne Delcour-Min
Spiritual Gold
Holly Ice
Divine Fire
Joanne DiMaggio
Edgar Cayce and the Unfulfilled
     Destiny of Thomas Jefferson
     Reborn
Anthony DeNino
The Power of Giving and Gratitude
Carolyn Greer Daly
Opening to Fullness of Spirit
Anita Holmes
Twidders
Aaron Hoopes
Reconnecting to the Earth
Patricia Irvine
In Light and In Shade
Kevin Killen
Ghosts and Me
Donna Lynn
From Fear to Love
Curt Melliger
Heaven Here on Earth
Where the Weeds Grow
Henry Michaelson
And Jesus Said – A Conversation
Andy Myers
Not Your Average Angel Book
Guy Needler
Avoiding Karma
Beyond the Source – Book 1, Book 2
The History of God
The Origin Speaks

For more information about any of the above titles, soon to be released titles,
or other items in our catalog, write, phone or visit our website:
PO Box 754, Huntsville, AR 72740|479-738-2348/800-935-0045|www.ozarkmt.com

Other Books by Ozark Mountain Publishing, Inc.

The Anne Dialogues
The Curators
Psycho Spiritual Healing
James Nussbaumer
And Then I Knew My Abundance
The Master of Everything
Mastering Your Own Spiritual
    Freedom
Living Your Dram, Not Someone Else's
Sherry O'Brian
Peaks and Valley's
Gabrielle Orr
Akashic Records: One True Love
Let Miracles Happen
Nikki Pattillo
Children of the Stars
A Golden Compass
Victoria Pendragon
Sleep Magic
The Sleeping Phoenix
Being In A Body
Alexander Quinn
Starseeds What's It All About
Charmian Redwood
A New Earth Rising
Coming Home to Lemuria
Richard Rowe
Imagining the Unimaginable
Exploring the Divine Library
Garnet Schulhauser
Dancing on a Stamp
Dancing Forever with Spirit
Dance of Heavenly Bliss
Dance of Eternal Rapture
Dancing with Angels in Heaven
Manuella Stoerzer
Headless Chicken
Annie Stillwater Gray
Education of a Guardian Angel
The Dawn Book
Work of a Guardian Angel

Joys of a Guardian Angel
Blair Styra
Don't Change the Channel
Who Catharted
Natalie Sudman
Application of Impossible Things
L.R. Sumpter
Judy's Story
The Old is New
We Are the Creators
Artur Tradevosyan
Croton
Croton II
Jim Thomas
Tales from the Trance
Jolene and Jason Tierney
A Quest of Transcendence
Paul Travers
Dancing with the Mountains
Nicholas Vesey
Living the Life-Force
Dennis Wheatley/ Maria Wheatley
The Essential Dowsing Guide
Maria Wheatley
Druidic Soul Star Astrology
Sherry Wilde
The Forgotten Promise
Lyn Willmott
A Small Book of Comfort
Beyond all Boundaries Book 1
Beyond all Boundaries Book 2
Beyond all Boundaries Book 3
Stuart Wilson & Joanna Prentis
Atlantis and the New Consciousness
Beyond Limitations
The Essenes -Children of the Light
The Magdalene Version
Power of the Magdalene
Sally Wolf
Life of a Military Psychologist

For more information about any of the above titles, soon to be released titles,
or other items in our catalog, write, phone or visit our website:
PO Box 754, Huntsville, AR 72740|479-738-2348/800-935-0045|www.ozarkmt.com